Robert M. Sonntag, geboren 2010, lebte nach dem letzten der Großen Kriege in der A-Zone. Er arbeitete für den Ultranetz-Konzern. Seit 2035 liegen keine Einträge mehr über ihn vor. Sein Ultranetz-Profil ist gelöscht. Robs Buch und diese Zeilen erreichten den S. Fischer Verlag auf bisher ungeklärten Wegen.

Weitere Informationen zum Kinder- und Jugendbuchprogramm der S. Fischer Verlage finden sich auf www.fischer-sauerlaender.de

Robert M. Sonntag

DIE SCANNER

FISCHER ✕ SAUERLÄNDER

Für die Verwendung in der Schule ist unter
www.fischerverlage.de/verlag/kita-und-schule
ein Unterrichtsmodell zu diesem Buch abrufbar.

4. Auflage

Unveränderte Neuausgabe

Erschienen bei FISCHER Kinder- und Jugendtaschenbuch
Frankfurt am Main, Juli 2023

Zuerst erschienen 2013 bei FISCHER KJB in der Reihe
Die Bücher mit dem blauen Band
© 2023 Fischer Kinder- und Jugendbuch Verlag GmbH,
Hedderichstraße 114, D-60596 Frankfurt am Main
Die Nutzung unserer Werke für Text- und Data-Mining
im Sinne von § 44b UrhG behalten wir uns explizit vor.

Lektorat: Alexandra Rak
Vignette: Jens Rassmus

Der Auszug aus dem Roman *Fahrenheit 451* von Ray Bradbury
wurde der 2008 erschienenen Taschenbuchausgabe des Heyne Verlages
in der Übersetzung von Fritz Güttinger entnommen
© 1963 by Verlag Die Arche, Peter Schifferli, Zürich

Druck und Bindung: GGP Media GmbH, Pößneck
ISBN 978-3-7335-0758-9

für Fanni-2-Fanni

Klick. Vergiss das Geräusch! 2035 hat es sich ausgeklickt. *Mzzzp.* So klingt die Zukunft. So klingt alles. Wirklich alles. Ganz besonders 2035, im Juli.

Da war auch das mit ihr. Und mit dem Alten. Und mit Ultranetz. Und mit dem großen Knall. Und überhaupt und sowieso. Doch der Reihe nach.

INHALT

DER ALTE

Mzzzp. Die Tür zu unserem Abteil im Metro-Gleiter glitt auf. »Guten Tag, ich bin Lukas. 'tschuldigen Sie bitte die Störung. Ich lebe seit fünf Monaten in der C-Zone. Und ich bin leider auf Ihre Hilfe angewiesen. Wenn Sie vielleicht ein wenig Geld für mich haben ...«

Er zeigte auf den mobilen Zahlungsempfänger, der an seinem Gürtel hing.

»... oder auch ein paar Aroma-Tabletten, ein paar Stunden Account für meine Mobril ...«

Er tippte auf die Mobril-Fassung auf seinem Kopf. Sie hatte nur noch auf einer Seite ein Glas und reagierte auf sein Pochen mit einem *Mzzzp.* Das andere Auge schaute uns unverglast, direkt an.

»Freue mich über alles. Und 'tschuldigen Sie nochmals die Störung.«

Ich hasste diese C-Zonler. Sie erinnerten mich an den allseits drohenden Abstieg von der A- in die Chaos-Zone, wie wir A-Zonler die C-Zone nannten. Und sie erinnerten mich an Nomos. Meinen Chef. »Quote erfüllen oder ab mit euch in die C-Zone!«, sagte er immer. Ich hasste Nomos wie diesen C-Zonler. Und ich hasste diesen Metro-Gleiter.

Mit einer riesigen Geschwindigkeit schoss er auf einem Magnetgleis durch die Stadt. Der Gleiter beschleunigte und bremste im Minutentakt. Von Station zu Station. Die vielen Kurven machten mir schwer zu schaffen.

Wir saßen zu dritt im 20er-Abteil. Ich presste die Hände auf die Armlehnen. Gegenüber von mir saß Jojo, mein bester Freund. Neben mir ein alter Mann, mit dem die ganze Sache begann.

Es war eine meiner letzten Fahrten mit dem Metro-Gleiter. Ich meine nicht in dieser Woche oder so. Sondern überhaupt in meinem Leben. In wenigen Tagen sollte das alles für mich Altwissen sein. Aber davon ahnte ich nichts in dieser Minute, in der ich mit Jojo und dem Alten im Abteil saß.

Der Alte neben mir nickte dem C-Zonler zu. Der lächelte und deaktivierte seinen mobilen Zahlungsempfänger. *Mzzzp.* Wir waren wieder alleine in unserem Abteil. Ohne den C-Zonler. Der Alte blieb. Er hatte graue, lange Haare. Aus dem schwarzen Kapuzenpullover schaute ein gelber Hemdkragen.

Ich war perplex. Ich hatte real noch nie einen Menschen mit so vielen Haaren gesehen. Ich hatte eine Glatze, Jojo auch. Alle in diesem Gleiter vermutlich. Egal wie alt. Egal ob Frau oder Mann. Es war eine reine und rasierte Welt. Sie war glatzig. Glatzig und gut.

Ich starrte den alten Mann an. Er blickte kurz auf und lächelte. Ich fühlte mich ertappt und schaute aus dem Fenster. Schwarze Betonstreifen zogen vorbei. Jeder Streifen ein Wohnblock. Jeder Wohnblock 200 Familien. Jede Familie ein Kind. Vorausgesetzt, die Zonenregierung stimmte dem Antrag der Eltern zu.

Es durfte ja nicht jeder ein Kind haben. Wie meine Nachbarn zum Beispiel. Sie hatten zwar den Finanzcheck bestanden (beide A plus). Doch beim Gen-Eignungstest waren sie durchgefallen (über 1,3 Prozent Abweichung vom Normwert!).

Regentropfen klatschten ans Fenster unseres Abteils und zogen dünne Spuren.

»Müssen morgen mal in der Parkhalle suchen«, sagte Jojo.

»Das wird ewig dauern. Was macht unsere Quote?«, fragte ich.

»Wir liegen zurück. Nur zwei die Woche.«

Ich presste die Lippen zusammen und schüttelte langsam den Kopf. Zwei war richtig schlecht. Das reichte längst nicht, um alle Rechnungen zu bezahlen. Von Woche zu Woche spürten Jojo und ich weniger auf.

»Weißt du noch am Anfang?«, fragte ich.

»Vor lauter Scannen kaum Zeit zum Atmen«, sagte er.

Jojo und ich arbeiteten für die Scan AG – ein Tochterunternehmen des Weltkonzerns Ultranetz. Unser Arbeitgeber wollte die glatzige Welt papierfrei machen. *Alles Wissen für alle! Jederzeit! Kostenlos!* lautete das Motto. Wir halfen der Scan AG bei der Verwirklichung dieses Traumes. Jojo hatte mich reingeholt. Und ich träumte mit.

»Die Zeit der Buchagenten ist vorbei«, sagte Jojo.

Ich zählte nicht mehr die grauen Häuserblocks, hatte bei 132 aufgehört. »Vielleicht machen wir was falsch?«

»Wir haben einfach schon alle Leser gefunden«, sagte Jojo. »Alle Bücher schon gekauft. Allen Quatsch schon gescannt.«

Jojo war der Pessimist des Tages.

»Und wenn wir die Abteilung mal wechseln?«, schlug ich vor.

»Will keine verstaubten Landkarten suchen.«

»Notizblöcke?«

»Nein!«

»Printbriefe?«

»Vergiss es einfach. Und bevor du fragst: auch keine ver-
schimmelten Ordner voller Papier.«

»Vielleicht sind die anderen Teamchefs etwas …«

»… netter als Nomos? Träum weiter!«

Nomos jagte uns in der Zentrale von Seminar zu Seminar,
von Meeting zu Meeting. Er händigte uns das Bargeld aus,
mit dem wir die Leser überredeten. Und er gab uns unseren Anteil. Der Verdienst war nicht besonders. Aber besser
als nichts.

Bevor ich bei der Scan AG angefangen habe, hatte ich
verzweifelt einen Job gesucht. Mein Altwissen-Studium
musste ich nach ein paar Monaten abbrechen. Die Studi-
engebühren waren zu hoch. Ich konnte mir keine Mobril-
Vorlesung mehr leisten. Ganz zu schweigen von den Real-
Veranstaltungen an der Uni. Selbst in der letzten Reihe
waren die Preise noch unverschämt teuer.

Erst wollte ich es nicht wahrhaben. Ich suchte nach Ne-
benjobs. Aber auch die alte Lehrmeisterin konnte mir
nicht helfen. So nannte ich meine Lieblingsprofessorin. Sie
schickte mir Anzeigen über die Mobril zu. Täglich.

*Schnellkurs: In vier Wochen zum Allfach-Lehrer (B-Zonen-
Lizenz).*

*Seniorenlager in C-Zone sucht engagierte Pflegekräfte – auch
ohne Vorkenntnisse.*

Nach meinem Studienabbruch fand ich dank Jojo immerhin dieses Buchagenten-Ding. Als ich längst für Ultranetz
arbeitete, erhielt ich immer noch ihre Anzeigen. Irgend-

wann löschte die Zonenverwaltung das Studienfach. Altwissen hatte von einer privaten Prüfagentur (Master & Partner) ein mieses Rating bekommen.

Zu wenig Sponsorengelder, hieß es in einer Erklärung der Zonenverwaltung, *erfordern diesen wichtigen Schritt*. Und: *Es ist ein Schritt in die Zukunft!* Sogar ich hatte dafür bald Verständnis. Alles Altwissen war längst digitalisiert. Jeder konnte es auf Lexi-Ultranetz abrufen. Jederzeit! Kostenlos! Mein Chef Nomos hatte mich im Vorstellungsgespräch ausgelacht, als er von meiner Unizeit hörte.

»Altwissen? Was wolltest du damit anfangen?«

»Ich interessiere mich für Politik. Also, bin neugierig … Und dachte, vielleicht …«

Er unterbrach mich und schrie mich an. »Studiere die Zukunft! Sei wirklich neugierig, nicht altgierig. Verstanden?« Ich verstand und bekam den Job.

Die Zonenverwaltung verkündete an der Uni das Ende von Altwissen, und meine alte Lehrmeisterin war verschwunden. Spurlos. Ohne eine Mobril-Nachricht. Ich erhielt von ihr keine Anzeigen mehr. Keine Ratschläge. Nichts.

Ich machte mir Sorgen. Eine Weile suchte ich in ihrem Ultranetz-Profil nach Familienmitgliedern. Sie hatte nur 500 eingetragene Freunde (ich: 8500) und keine besten Freunde mit Premium-Status (ich: 650).

Ich schickte eine Nachricht an all ihre Freunde. B-Zonen-Joni antwortete als Einziger. *Sie kam nach der Abschiedsrede an der Uni nicht mehr nach Hause.* Keine Ahnung, woher das B-Zonen-Joni wusste. In der B-Zone lebte sie sicher nicht.

Die Arbeit mit Jojo bei Ultranetz lenkte mich ab. Ich kannte ihn seit der Schulzeit. Und bei den Abschlusstests waren wir ein gutes Team. Ich machte seine Prüfung in Altwissen (Schwerpunkt: 2015 – vom Finanzkollaps zum Krieg), Jojo meine in Mathe (keine Ahnung, welches Thema).

Wir tauschten dazu einfach unsere Mobrils aus. Schummeln interessierte sowieso keinen. 400 Schüler saßen in der Halle dicht an dicht nebeneinander. Lehrer hab ich in den letzten Schuljahren nur noch in der Mobril gesehen. Wenn überhaupt. Jojo studierte nach der Schule an einer Privatuni von Ultranetz. Dort muss er wohl zu viel herumgespielt haben und landete schließlich bei den Buchagenten.

Jojo und ich schwiegen uns nun schon eine Weile im Metro-Gleiter an. Ich zählte wieder Wohnblöcke. Ich würde Jojo später ausrechnen lassen, wie viele Leute in diesem Quartier wohnten. So weit kam es nicht. Der alte Mann neben mir packte ein Buch aus. Bestimmt hatte er unser Gespräch mitbekommen und wollte das Geld.

»Was wollen Sie für das Bündel Papier haben?«, fragte Jojo keine zwei Sekunden später. Wir sagten nie Bücher. Wir sprachen in Altsprech von Wälzern, Schmökern, Schwarten oder Schinken.

Das lernten wir bei Nomos in der Zentrale. Dort wiederholte er Seminar für Seminar den Satz: »Denkt an unseren Traum! Alles Wissen für alle! Jederzeit! Kostenlos!«

Der Alte antwortete nicht auf Jojos Frage. Er schlug sein Buch auf. Lehnte sich zurück. Und las darin. Jojo gab nicht so schnell auf. »Würde sagen, ich gebe Ihnen einen Zehner.«

Das war lächerlich wenig, doch so hatten Jojo und ich am

meisten Erfolg. Immer nannten wir zuerst einen winzigen Betrag. Daraufhin verteidigten die Leser ihr Papierbündel. »Das Buch ist unverkäuflich.«

»Das gedruckte Wort ist unbezahlbar.«

»Dieses Werk wird seinen Besitzer nie wechseln.«

Zeit für die zweite Stufe. Jojo griff in seine Jackentasche und zog ein Päckchen Hunderter heraus. Zwanzig Stück. Das überforderte jeden. So viel Bargeld war nirgends mehr zu sehen. Schließlich gab es den mobilen Zahlungsempfänger und den Fingerabdruck.

2000 in bar gab es nur bei uns. Und wir legten noch einen drauf. »Das ist für das bisschen Papier. Für jedes weitere gedruckte Bündel erhalten Sie von uns 2500. Für jeden Namen eines Lesers, den Sie kennen und uns nennen, 1000.«

Als ob das nicht ausgereicht hätte, fügten wir dramatisch hinzu: »Das ist unser letztes Angebot. Und es gilt exakt die nächsten zwei Minuten.«

Genau in diesem Augenblick zogen wir eine Stoppuhr aus der Hosentasche. Sie war an einem dünnen Plastikband befestigt, projizierte rot blinkende Zahlen in den Raum. *Mzzzp*, und die Zeit lief rückwärts. Zwei Minuten, eine Minute und 59 Sekunden, eine Minute und 58 Sekunden, eine Minute und …

Fast alle Leser waren in den ersten 15 Sekunden zum Verkauf bereit. Dickschädel brauchten über eine Minute. Einer brach vor uns in Tränen aus. Das war vielleicht vor einem halben Jahr. Das Angebot machte ihn fertig. Manche Leser wollten so ein Buch nie verkaufen. Bis wir mit 20 Geldscheinen alle Prinzipien wegwischten. Wir bekamen alle. Fast alle.

Einen von zehn, den konnten wir mit Geld nicht locken. Der hatte entweder schon genug davon, oder er war ein Fanatiker. Ein Büchernarr. Im schlimmsten Fall sogar ein Bibliophiler. Gerade so einen wollte die Scan AG am liebsten knacken. In den Schulungen bei Ultranetz brachten sie uns in griffigen Formeln bei: Vielleser gleich Fanatiker, Fanatiker gleich Sammler, Sammler gleich viele Bücher, viele Bücher gleich viel Geld für Buchagenten. Und Buchagenten wie Jojo und ich hörten so etwas sehr gerne.

Seminare hin oder her, es blieb dabei: Einen von zehn bekamen wir nicht. Also ließ sich Ultranetz ein anderes Vorgehen einfallen. Bei hartnäckigen Lesern sollten wir möglichst viel Persönliches in Erfahrung bringen. Woher sie kommen. Wohin sie fahren. Am besten natürlich, wie sie heißen und wo sie wohnen.

Wir reichten diese Daten umgehend an Nomos weiter. Der nannte uns daraufhin *unfähige HUKAFEHLI* (Humankapital-Fehlinvestitionen), weil wir den Leser nicht vom Verkauf überzeugen konnten. Nachdem er sich wieder beruhigte, überwies er uns eine kleine Prämie. Je nachdem, ob die Daten hilfreich waren. So lief es immer ab. Für uns HUKAFEHLI.

Keine Ahnung, was weiter mit den Leserdaten geschah. Es interessierte uns nicht. Die Stimmung bei Jojo und mir war nicht besonders. Gerade in den letzten Monaten. Wir fanden schlichtweg keine Leser mehr.

Wir rasten in den Gleitern von Stadtrand zu Stadtrand. Stundenlang. Ich verbrachte davon die Hälfte der Zeit auf der Toilette. Wir spazierten durch die Parkanlagen der A-Zone. Schauten uns in den Aroma-Cafés um. Klingelten an Haustüren. Durchsuchten die Wartehallen der Ärzte und Behörden. Klapperten die Adressen ab, die uns andere Leser genannt hatten. Nichts. Tage vergingen ohne einen einzigen Leser.

Der alte Mann im Metro-Gleiter neben mir war daher mehr als wichtig für uns. Und für unsere Quote. Ich brachte kein Wort heraus. Irgendwas an diesem Leser war anders. Damit meine ich nicht sein unglatziges Äußeres. Nach Jojos Angebot, dem lächerlichen Zehner, verzog der Alte nicht einmal die Mundwinkel. Er las weiter. Er beachtete uns nicht. Jojo setzte das Programm wie immer fort.

Er breitete die Geldscheine auf dem Tisch zwischen sich und dem Alten aus. Keine Reaktion. Das überraschte mich nun wirklich. Egal wie stur die Leser waren, auf das viele Geld glotzten sie alle. Jojo wollte die eingeübten Sätze abspulen. Er musste aber davon abweichen, weil der Alte nicht für eine Millisekunde auf den Tisch sah.

»Auf dem Tisch ZWISCHEN UNS liegen ZWEITAUSEND in bar.« Dann wieder Standardtext. »Das ist für das bisschen Papier. Für jedes weitere Bündel …«

»… erhalte ich von euch 2500. Für jeden Namen eines Lesers, den ich kenne und euch nenne, 1000«, leierte der Alte gelangweilt runter.

Jojo schaute zu mir. Ich zog die Schultern nach oben. Der Grauhaarige klappte sein Buch zu, legte es auf die Geldscheine.

Er blickte mir in die Augen und sprach zu mir. So als ob Jojo nicht im Abteil säße. »Ich schenke es dir. Bevor du es aber scannst und für immer vernichtest, musst du es lesen. Kannst du mir das versprechen?«

Ich blieb sprachlos. Uns hatte noch nie ein Leser sein Buch einfach so überlassen wollen. Und keiner hatte mich bisher zur Lektüre aufgefordert. Wer war dieser Mann? Wieso wollte er, dass ausgerechnet ich das Ding las? Sicher war nur eines für mich. Mit diesem Leser konnten wir kein Geld verdienen.

Jojo beugte sich zu mir über den kleinen Tisch, hielt die Hand vor den Mund und flüsterte. »Der ist verrückt. Wir suchen uns ein anderes Abteil. Melden den Vorfall. Wir brauchen vorher nur noch ein paar Daten.«

Ich sagte nichts, konnte meinen Kopf weder schütteln noch mit ihm nicken. Die Sache war total schräg.

Jojo blieb gelassen. Er setzte sich aufrecht hin. Schob das Buch sachte auf die Seite. Sammelte die Geldscheine ein. Und machte weiter seinen Job. »Für manche ist so ein Wälzer viel wert. Wir respektieren natürlich Ihre Meinung. Ich bin übrigens Alex. Das ist Paul.« Jojo zeigte auf mich. »Wir arbeiten für die Scan AG. Wie ihnen sicher bekannt ist, wollen wir das Wissen für alle jederzeit und kostenlos verfügbar machen. Können wir Sie zu einem späteren Zeitpunkt noch einmal fragen, Herr …?«

Ich schämte mich für Jojos ärmlichen Versuch, den Namen des Buchmenschen zu erfahren.

»Bergmann, Arne Bergmann«, sagte der Alte zu meiner Überraschung. Bevor Jojo nachhaken konnte, sprach er weiter. »Nomos wird das reichen. Da bin ich ganz sicher, Jojo. Was sagt Ihr Kollege Rob dazu?«

Jojo arbeitete wie eine Mobril. Er speicherte das, was wir bei den Seminaren von Ultranetz lernten, irgendwo in seinem Schädel. Er konnte auf alles jederzeit zugreifen.

Für jede Bemerkung paukten wir den dazu passenden Satz.

Einmal wollte ein Leser mit uns diskutieren. »Ich weiß nicht, wieso Ultranetz jedes Buch braucht! Ihr habt diesen Buchtitel doch bestimmt schon tausendmal gekauft und gescannt.«

Unsere Antwort folgte nach einer Sekunde. »Vielleicht haben wir aber nicht exakt diese Ausgabe und exakt diese Auflage. Womöglich haben Sie als Leser wertvolle Notizen an den Rand geschrieben. Dinge unterstrichen. All das kann für andere Menschen sehr nützlich sein. Ihre Anmerkungen werden somit der Nachwelt überliefert. Jedes Druckerzeugnis hat schließlich seinen eigenen Charakter.«

Das schmeichelte dem Leser ungemein. Uns konnte keiner überraschen. Wir waren auf alles und jeden vorbereitet. Nur auf diesen Arne Bergmann nicht, der Nomos' Namen kannte. Und unsere echten auch!

Jojo suchte nach einer passenden Reaktion. Das dauerte. Nun schwiegen wir alle. Jojos Gehirn brauchte mehr Zeit als üblich, funktionierte aber nach wie vor vorbildlich. Ihm fiel der letzte Satz des zehn Punkte umfassenden Leitfadens für Buchagenten ein. *Bei unüblichen Verhaltensmustern umgehend Teamleiter kontaktieren! Alle gesammelten Daten melden!*

Jojo stand auf, zu ruckartig, wie ich fand. »Ich bedanke mich bei Ihnen für das gute Gespräch, Herr Bergmann.«

Jojo wollte mich mit sich ziehen und riss am Ärmel meiner Jacke. Ich blieb wie festgeklebt sitzen. Ich überlegte noch immer, wieso mich der Alte direkt angesprochen hatte und warum er mich noch immer anschaute. Jojo verschwand im benachbarten Abteil.

»Tut mir leid. Wir müssen das Gespräch an einem anderen Ort fortsetzen. Ich muss jetzt gehen«, sagte Bergmann zu mir.

Mir schossen tausend Fragen durch den Kopf. »Die nächste Station liegt in der C-Zone. Da würde ich an Ihrer Stelle nicht aussteigen«, sagte ich dann nur.

Der alte Mann lächelte, ließ das Buch unter seinem Pullover verschwinden. Vor der Tür drehte er sich noch einmal um. »Bis bald!«

Er sprach in Rätseln. Bevor ich etwas fragen konnte, redete er weiter. »Du bist bleich. Verträgst diese Metro-Gleiterei nicht.«

Er strich mit seiner Hand über meine Glatze, zog sich die Kapuze seines Pullis über und verschwand im schmalen Korridor.

»Nächster Halt: C-Zone, 3. Quartier, eine Minute Aufenthalt«, sagte eine sanfte Männerstimme. Der Metro-Gleiter raste in eine steile Kurve. Bremste keinen Atemzug später von viel zu schnell auf Nichts.

Ich eilte den Gang entlang zur Toilette. Ich sah Jojo im benachbarten Abteil. Er hatte die Mobril auf und setzte sich vermutlich gerade mit Nomos in Verbindung. Jojo sah über die Brillengläser zu mir, zeigte mit dem Daumen nach oben und grinste. Ich deutete auf meinen Bauch und rannte weiter.

Der Gleiter war bereits in der B-Zone, als ich den Spülknopf drückte. Ich zitterte am ganzen Körper und drehte mich zum Waschbecken um. Das kalte Wasser floss über die Hände. Über mein Gesicht. Die Stirn. Den kahlen Schädel. Bis zum Nacken. Ich richtete mich auf, stieß die Stirn an der Ablage, fluchte und öffnete die Augen.

Im Spiegel sah ich einen blassen, müden, aber immerhin glatzigen Buchagenten und ein paar handgeschriebene Wörter in grüner Farbe.

Morgen früh, 8 Uhr, Sunshine Café, C-Zone, 20. Quartier. Bis bald! Arne

DAS KOPFGELD

Zu Hause (A-Zone, 8. Quartier) hielt ich einen Finger an die Tür. *Mzzzp.*

Mein Vater kam mir im Hausflur entgegen. »Du siehst aus, als hätte dich jemand eine Woche im Metro-Gleiter eingesperrt.«

Besser könnte ich meinen Zustand nicht beschreiben, wollte ich sagen. Da war er schon im Wohnzimmer verschwunden.

Ich folgte ihm. »Jojo und mir ist heute was Unglaubliches passiert.«

Mein Vater setzte sich seine Mobril auf. »Mobril. Kontakt. Lars.« Er hatte gleich Nachtschicht, und Lars, sein Kollege, wollte ihn abholen. Mein Vater arbeitete als Ingenieur für die Firma, die Magnetgleise für Gleiter verlegte. Mein Albtraum war seine Leidenschaft.

»Unglaubliches ist passiert?«, fragte mein Vater.

»Ja, und zwar ...«

»Schön«, sagte er. Er hatte Lars in der Mobril. »Hey, wie ich sehe, bist du schon in meiner Straße. Ich komme raus!«

»Na, also dann ...«, sagte ich zur Tür. Mein Vater war schon weg.

Arbeit war für ihn alles. Keine Arbeit, keine A-Zone. Und seit der Sache mit Mike hatte mein Vater richtig Angst. Der Abteilungsleiter hatte Mike fristlos entlassen. Und so ist Lars an die Stelle gekommen.

»Eine altersbedingte Freisetzung«, hieß es in der offiziellen Erklärung. Lars, der neue, war 22 Jahre alt. Die Leute hatten entweder eine Alterszusatz-Extra-Versicherung abgeschlossen oder etwas auf die Seite gelegt. Wer nicht versichert war und kein Geld auf der Seite hatte, der zog zu seinen Kindern. Wer keine Kinder hatte oder, noch schwieriger, wer Nachwuchs hatte, der da nicht mitspielte, der landete in der C-Zone. Und dort in den Randquartieren am Stadtende.

Mike hatte weder eine Versicherung gehabt noch Geld, Kinder oder Lust auf die C-Zonen-Randquartiere. Nach seiner letzten Nachtschicht lud er meinen Vater zum indischen Imbiss ein. Ich verfolgte das Treffen über meine Mobril. Mein Vater hatte mir eine Einladung zugeschickt.

»Ich mach Schluss mit dem Ganzen«, sagte Mike.

Die Zahl der Zuschauer stieg sprunghaft von 232 auf 680. Ich hatte die Einladung an meine Freunde weitergeleitet, und manche von ihnen hatten offenbar wiederum ihre Freunde eingeladen.

»Ruhig bleiben. Wir finden was für dich, kannst dich darauf verlassen«, sagte mein Vater.

482 Zuschauer.

»Was finden? Als Rentner Rentner pflegen? In einer C-Zonen-Fabrik schuften?«

54 Zuschauer.

»Es gibt auch noch ...«

18 Zuschauer.

»... nichts gibt es. Alles ist vorbei.«

»Zweimal Aroma-Yogi-Tee?«, fragte der Kellner.

Mike nickte.

»Ich bring mich um.«

1048 Zuschauer.

Der Kellner servierte Tee mit Yogi-Aroma.

»Mach mal langsam«, sagte mein Vater. »Hab die Wohnung auch noch nicht abbezahlt. Und bringe ich mich deswegen gleich um?«

»Du hast einen Job. Ich nicht!«, sagte Mike.

Drei Stunden später legte sich Mike irgendwo im 5. Quartier auf eine Magnetschiene und aktivierte seine Mobril.

»Mobril. Kontakt. Abteilungsleiter.«

Sein Vorgesetzter nahm den Mobril-Kontakt an. Er hörte Mikes Stimme, und er sah das, was Mike sah. In diesem Moment war das eine breite Magnetschiene und ein heranrasender Metro-Gleiter.

»Sie sind schuld«, schrie Mike.

Der Abteilungsleiter sagte nichts. Das musste alles zu schnell gegangen sein. Vielleicht zuckte er zusammen, als die grellen Signallichter des Gleiters vor sich in der Brille auf ihn zurasten.

Woher ich das alles weiß? Alle wissen es! Mike übertrug die Mobril-Aufnahmen an seine Mobril-Basis zu Hause. Seine Ex-Frau hatte Zugriff zur Basis. Sie stellte den Film ins Ultranetz.

Mein Freund Jojo gehörte zu den Ersten, die die Bilder sahen. Er hatte ein Mobril-Abo für die *besten Filme auf Ultranetz*. Mikes Suizid landete an diesem Vormittag auf Platz eins. Mehrere Stunden Mobril-Kommentare sammelten sich an.

»Aua! Das tat sicher weh! Breites Grins«, meinte Sabi-2009. Bob48 knackte Mikes Ultranetz-Profil. Er veröffentlichte

Mobril-Filme der letzten 15 Jahre, alle Fotos und Kontakt-listen. »Die Wahrheit ist …«, textete Bob48 und machte somit auf das ganze Material neugierig.

Eine ganze Nacht schaute ich mir Mikes Fotos an. Angefangen von seiner Ausbildungszeit. Er hatte eine sehr hübsche Freundin damals. Auch wenn ihre langen, schwarzen Haare mich irritierten. Mit Glatze wäre sie perfekt gewesen.

Mein Vater wollte das alles nicht sehen. Er glaubte nicht an den Selbstmord seines besten Freundes. Erst als Mikes Frau eine Einladung zur Trauerfeier per Mobril verschickte. Es war das erste und letzte Mal, dass ich meinen Vater weinen sah. Und irgendwie rührte mich das.

Mike und seinen Protest verstand ich nicht. Und ich machte das, was ich immer machte, wenn ich mit irgendetwas gefühlsmäßig nicht klarkam. Ich schaute Mobril-Filme. In diesem Fall noch mehr aus dem Leben von Mike, die Bob48 dankenswerterweise bereitgestellt hatte. Die Hochzeitsbilder, ein heftiger Ehe-Streit vom Nachbarn gefilmt, die romantische Versöhnung (vergessen, die Mobril zu deaktivieren?) und O-Töne zur Scheidung zwei Jahre später. Der Abteilungsleiter von Mike verlor noch am gleichen Tag seinen Job. Die Baufirma schaltete eine Anzeige auf Ultra-netz.

»Alles Heuchler«, sagte mein Vater aufgebracht. Und er sprach den längsten Text, den ich je am Stück von ihm gehört habe. »Der Nachfolger ist ein noch schlimmerer Typ, der genauso jeden ab Mitte 50 aus fadenscheinigen Gründen feuert. Und zwar deswegen, weil das die Ansage von oben ist …«

Mein Vater war offiziell Mitte 40. Bevor er bei der Firma

anfing, hat er seine Daten auf dem Rechner der Zonen-verwaltung auffrischen lassen. Das ist verboten und somit teuer. Ein Programmierer, der sich noch besser als Jojo auskennen musste, erledigte das für ihn. In der C-Zone wimmelte es angeblich von Typen, die illegale Dienstleistungen anboten.

Mein Vater kam noch einmal in die Wohnung. Sein Kollege wartete draußen im Fahrzeug. Ich stand noch immer im Flur. Der seltsame Leser im Metro-Gleiter, Arne Bergmann, und seine Spiegelbotschaft gingen mir nicht aus dem Kopf.

Mein Vater schaute kurz zu mir. »Sag Jojo, er soll besser auf dich aufpassen.«

»Was vergessen?«, fragte ich.

»Ja. Pausenfutter.«

Er eilte Richtung Küchenbox.

»Würd ich lassen!«, warnte ich ihn. »Wollte selbst gerade was essen. Aber Mama hat dort ein Meeting.«

»In der Küchenbox?«

»Ist eine Verabredung zum Kaffee.«

»Über Mobril?«, fragte er.

»Über Mobril.«

»Na, dann schleiche ich mich an der Kamera vorbei.«

Er trat ein, und sie taten das, was sie in den seltenen Momenten der Zweisamkeit immer machten. Sie stritten. Ich lehnte mich an die Tür zur Küchenbox.

»Können wir das Meeting in fünf Minuten fortsetzen? Ja? Danke. Ja, ich kontaktiere Sie gleich.« Ihre freundliche Stimme wechselte zur Streitstimme.

»Ich hab gerade ein wichtiges Meeting!«

»Ich hol mir nur etwas aus der Aromazelle.«

»Wenn ich auf Arbeit ständig vor deiner Mobril herumtanzen würde, was wäre dann?«

Lars klingelte. »Eine Minute noch!«, schrie mein Vater.

»In einer Minute sind wir zwei hier noch nicht fertig«, sagte meine Mutter.

»Musst du immer mit der Mobril überall im Haus sein? Was würde ich dafür geben, wenn ich ohne Mobril arbeiten könnte«, sagte mein Vater. Ein altes Thema der beiden. Auf seiner Arbeit musste jeder Mobril tragen.

»Was dagegen, wenn dein Chef sieht, was du machst?«, fragte meine Mutter.

»Nein. Aber es macht mich ...«

»Nur Faulenzer haben Angst vor der Mobril.«

»... es macht mich ...«

»Und Arbeitsverweigerer!«

»... es macht mich aber ...«

»Teamarbeit erfordert Mobril!«

»... nervös. Das macht es mich. Und du machst mich auch nervös.«

Lars klingelte. Mein Vater trat aus der Tür, wir stießen zusammen. »Und du lauschst mit der Mobril und stellst das ganze wieder auf Ultranetz. Oder?«

»Nein. Nur meine Freunde können gerade zuschauen ...«

»Und wie viele schauen gerade zu?«

Ich blickte ins linke Feld über dem rechten Auge. »124«, sagte ich.

»Und wenn einer der Idioten das Ganze auf Ultranetz stellt?«

»Jetzt sind es schon 420. Und lass uns nicht schon wieder über die Mobril diskutieren.«

»Auch nicht über die Kosten? Wie oft hab ich dir schon Geld geliehen?«

Die Richtung gefiel mir gar nicht. »Mobril. Sperrung für Freunde.« Nur noch die besten Freunde mit Premium-Status konnten ab jetzt folgen. Das reichte auch.

»Weißt du, was dich reale Treffen kosten würden?«, fragte ich meinen Vater. »Und wie billig im Vergleich so eine Mo-bril-Verabredung ist?«

»Ich fahr dann jetzt mal los«, schrie Lars.

»Und Jojo hat auch …«, sagte ich.

»Jojo ist nicht nur Buchagent. Der hat zig private Aufträge. Der kann sich das leisten.«

Wieder so ein wunder Punkt. Jojo hatte wirklich immer genug Geld. Und er lebte nicht mehr bei seinen Eltern. Er reparierte die Mobrils seiner Nachbarn. Installierte Anima-toren. Bot über Ultranetz all das zum Verkauf an, was für mich nicht mehr als veralteter Elektroschrott war.

»Ende der Diskussion«, sagte mein Vater und schlug die Haustür hinter sich zu.

Drei aus der Premium-Liste kommentierten die Szene gleich.

»Grinsen und weitermachen!«, sagte Luk-2010.

A-Zonen-Chris22 war der Moralapostel – wie immer. »So-lange du zu Hause wohnst, musst du dich anpassen.«

Ultranetz-Maus9888 lud mich auf ein Mobril-Spiel ein. »Zeit zum Relaxen!« Ein Autorennen durch die A-Zone. Das Starterfeld lichtete sich gleich. Ich wippte den Kopf nach links und machte eine scharfe Kurve. Landete mit

280 Sachen in einem grauen Betonklotz. »Reparatur kostet fünf«, sagte die Mobril-Stimme. Ich hörte auf zu spielen. Heute war einfach nicht mein Tag.

Ich stellte mich mit den verstaubten Kleidern in den Reiniger, wartete das Zischen der Luftdüsen ab. In meinem Zimmer warf ich die Jacke in die eine Ecke, die Schuhe in die andere. Mir gehörten zehn Quadratmeter, und jeder Quadratzentimeter war mit dem Müll ausgefüllt, den man in 25 Jahren auf der Erde so anhäuft.

An der Wand hing meine Sammlung prähistorischer E-Book-Reader. Die Dinger waren mal groß in Mode gewesen. Waren aber zum Filmeschauen schlussendlich zu unpraktisch. Bei mir funkelten in den Bildschirmen Sterne und wechselten die Farbe. Irgendwie beruhigend. Ein Geschenk von Jojo, Marke Eigenbau. Er hatte einen Container mit dieser Museumsware über Ultranetz aufgetrieben.

Ich legte mich aufs Bett, setzte die Mobril auf. »Mobril. Kontakt. Jojo.« Drei Sekunden später sah ich einen Haufen Kabel und blinkende Irgendwas vor mir. Jojo bastelte wieder.

»Lust auf eine nächtliche Runde Metro-Gleiter?«, meldete er sich gut gelaunt.

Ich reagierte nicht auf die Sticheleien, sondern kam gleich zum Punkt. »Mir geht das mit Arne Bergmann durch den Kopf.«

»Okay, ich hab Neuigkeiten für dich«, sagte Jojo.

Er machte eine Pause, hielt mich hin.

»Der rüstige Senior, der dir Kopfschmerzen bereitet, ist wahrscheinlich ein Radikaler.«

Ich schwieg.

»Arne Bergmann ist laut Nomos auf der Liste der SAIV.«

Ich erzählte Jojo etwas von Akkuproblemen und beendete das Gespräch.

Scanner nannten wir Buchagenten uns, die für die Scan AG arbeiteten. Die Sicherheits-Scanner hingegen waren die schweren Jungs. Offiziell hieß die Abteilung *Sabotagen-Abwehr und Informations-Verteidigung*, kurz SAIV. Weil die Kollegen mit allen nötigen Mitteln die Gegner der Scan AG verfolgten, ausspionierten, durchleuchteten, nannten wir sie Sicherheits-Scanner.

Immer wieder kam es vor, dass sich Gegner von Ultranetz lautstark äußerten. Sie warfen die Fenster von Mobril-Verkäufern ein. Oder sie schickten Drohfilme an die Mobrils der Mitarbeiter. Ich gehörte als Buchagent zum Beuteschema derartiger Terroristen.

Vor drei, vier Monaten hatte ich so einen Film erhalten. Ich nahm spätnachts eine Nachricht von *unbekannter Mobril-Nutzer* entgegen. Aus purer Neugierde. Ein Fehler, der mich den restlichen Schlaf kostete.

Ich sah in den Brillengläsern zunächst einen verstaubten Buchdeckel. Eine Hand mit Altersflecken klappte ihn auf und blätterte von Seite zu Seite. Viel zu schnell. Ich konnte nicht entziffern, was dort gedruckt war. In der Mitte des Buches stoppte die Hand auf einmal. Ich sah ein Foto von mir auf einer Doppelseite. Ich erkannte das Bild sofort. Ich hatte es irgendwann für eine Kontaktanzeige auf Ultranetz gestellt.

Plötzlich glühten die Ränder des Buches und meiner Aufnahme. Sie fingen Feuer, und ich sah mich selbst in Flammen. Hörte ein schmerzerfülltes Schreien. Ich wollte mir die Mobril vom Kopf reißen, gleichzeitig aber wissen, was das soll. Von den Buchseiten und mir war bald nur noch Asche übrig. Ein Luftzug verteilte die grauen Teilchen im Raum. Überall standen leere Bücherregale.

Ich dachte an die alte Bibliothek im 2. Quartier. Jojo und ich hatten gerade bei der Scan AG angefangen, da erhielten wir schon unseren ersten Großauftrag. Die Zonenverwaltung verkaufte die Bibliotheksbestände an die Scan AG. Ultranetz scannte alles. *Alles Wissen für alle! Jederzeit! Kostenlos!* Das bedeutete unglaublich viel Arbeit für Frischlinge wie Jojo und mich.

Die besagte Bibliothek gehörte zur letzten ihrer Art in unserer Stadt. Ich wusste vor unserem Auftrag gar nicht, dass es so etwas noch gab. Wir waren fünf Buchagenten und scannten wochenlang Buch für Buch, Seite für Seite, Zeile für Zeile, Wort für Wort.

Die leeren Regale nach Abschluss der Arbeit waren beeindruckend. Ich konnte vom einen Ende des langen Raumes zum anderen sehen. Während der ersten Stunden unserer Arbeit standen dort die Mitarbeiter der Bibliothek. Sie trugen Protestplakate: *Ihr scannt unsere Stellen weg.* Ein riesiges Theater. Die Sicherheits-Scanner führten sie ab. Bewachten danach die Eingänge und verdunkelten die Fenster.

Die leeren Buchregale in der nächtlichen Mobril-Botschaft erinnerten mich an all das. Während ich noch immer auf die verlassene Bibliothek in meinen Brillengläsern starrte, hörte ich eine rauchige Männerstimme. »Wer Bücher scannt, löscht deine Vergangenheit und deine Zukunft.« Ich verstand kein Wort. Alles verschwand, und ich sah eine weiße Feder mit den aufgedruckten Buchstaben *B* und *G*. Das machte mich noch ratloser.

»Nachricht zu Ende. Noch einmal sehen?«, fragte meine Mobril mit einer Freude, als ob ich gerade im Ultranetz-Poker gewonnen hätte.

»Doofe Frage«, fluchte ich und warf meine über alles geliebte Mobril zum ersten Mal Richtung Kleiderhaufen. Diese Scan-AG-Gegner kannten sich mit der Technik, die sie verteufelten, hervorragend aus.

Solche Botschaften verschickten Leute, die auf der Liste der Sicherheits-Scanner standen. Erst so eine Mobril-Nachricht mit meinem brennenden Gesicht. Und nun sollte mir einer von dieser Mannschaft persönlich im Metro-Gleiter gegenübergesessen haben. Und – das Beste zum Schluss – der Typ verkündete mir auf einem Toiletten-Spiegel, wann und wo er mich sehen wollte.

Ich lag noch immer auf dem Bett. Meine Gedanken liefen in einer Endlosschleife. Metro-Gleiter, Arne Bergmann, das Buch, unser Treffen, Metro-Gleiter, Arne Bergmann, das Buch, unser Treffen …

Ich wollte reden. Aber mit wem? Mein Vater konnte nicht und arbeitete. Meine Mutter hatte ihr Küchenbox-Meeting. Ich schloss die Augen, konnte nicht einschlafen.

Erst nach drei Stunden auf der Matratze kapierte ich, wieso mir Arne Bergmann seine Nachricht auf der Toilette hinterlassen hatte. Es war der einzige Ort in sämtlichen Quartieren und Zonen dieser Stadt, an dem die Mobril streikte. Ultranetz hatte alles verkabelt und mit Technikkram ausgestattet. Außer dem allerprivatesten Bereich des menschlichen Daseins – dem WC. Ein Kompromiss, den Ultranetz monatelang mit der Regierung aushandelte. Alle Toiletten mussten mit Geräten ausgerüstet werden, die den Empfang blockierten.

Arne Bergmann wollte offenbar auf Nummer sicher gehen. Das Metro-Gleiter-Personal trug Mobril. Ebenso die Passagiere, die in Gängen standen oder in den anderen Abteilen saßen. Sogar der bettelnde C-Zonler.

Keiner sollte von diesem Treffpunkt im Sunshine Café erfahren. Außer mir. Warum? Wieso um alles in der Welt ich? Wieso vertraute er mir? Zugegeben, ich hatte die Nachricht tatsächlich mit meinem Ärmel vom Spiegel gewischt. Ich war mir sicher, dass sie für mich war. Und genau das machte mich so neugierig.

Ich musste Jojo einweihen. Und dann endlich Nomos kontaktieren.

»Mobril. Kontakt. Jojo.«

Wieder sah ich seinen Technikkram.

»Hey, Rob! Akkuprobleme behoben? Hast du Liebeskummer heute?«

»Sehr lustig. Ich melde mich wegen diesem Arne Bergmann.«

»Nomos meinte, mehrere Mobril-Nutzer hätten im Metro-Gleiter auf öffentlichen Empfang geschaltet. Du weißt, was das heißt. Es gibt ein paar Minuten Film auf Ultranetz, die echt sehenswert sind. Ich schick dir ein paar zu.«

»Was sieht man?«, fragte ich. Ich wollte die Sache abkürzen.

»Zunächst mal das Ende, das ist echt spektakulär. Da eilt ein Mitte 20-jähriger Kerl den Korridor entlang zur Toilette.«

»Selten so gelacht. Ich wäre fast gestorben. Also, mach's kurz.«

»Arne Bergmann sieht man auf mehreren Aufnahmen. Die Analysten der Sicherheits-Scanner berichten, es soll angeblich *der* Arne Bergmann sein, den sie seit Jahren suchen.«

Ich verstand den Aufwand nicht. Arne Bergmann war ein Radikaler, okay. Aber davon gab es viele.

»Ultranetz setzt eine Belohnung aus«, sagte Jojo. »Wer die Sicherheits-Scanner zu Arne Bergmann führt, erhält ein Kopfgeld von 500 000.«

Ein paar Sekunden atmete ich nicht.

»Hätten wir seine Adresse, könnten wir jahrelang Urlaub in der Parkhalle machen«, sagte Jojo lachend. Mir zog sich der Magen zusammen.

DAS FRAGEZEICHEN

»Mobril. Navi. Sunshine Café«, sagte ich.

»Willkommen beim Navigator«, sagte die sanfte Stimme. »Leider haben Sie noch kein C-Zonen-Update. Jetzt kostengünstig erwerben?«

Das konnte ich mir nicht leisten. Ich fragte mich im 20. Quartier durch. In der C-Zone kannte ich mich überhaupt nicht aus. Wieso wollte Arne Bergmann mich ausgerechnet hier sehen?

In der schlaflosen Nacht hatte ich einen Plan entworfen. Ich war mir nicht sicher, ob mich dieser Bergmann nur zum Narren hielt oder ob er tatsächlich zum Treffen kommen würde. Wenn ja, würde ich sofort die Sicherheits-Scanner kontaktieren. Arne Bergmann mit einem Gespräch hinhalten. Ihn verhaften lassen. Und fertig. Nomos wollte ich auf keinen Fall vorab informieren. Sonst bedankte er sich vielleicht bloß für die Information und sicherte sich die 500 000 selbst. Er war skrupellos. Und Jojo? Den wollte ich lieber nicht hineinziehen. Später würde ich ihm natürlich einen ordentlichen Anteil vom Kopfgeld schenken. Unter besten Freunden. Mit so viel Geld wäre ein Abstieg in die C-Zone für einige Jahre ausgeschlossen. Und das war es wert, das Risiko einzugehen. Natürlich hatte ich Angst.

Kurz vor acht Uhr betrat ich das Geschäft. Das Café hatte sich auf Schokoladentorten spezialisiert. In der fünf Meter langen Auslage war nichts anderes. Ich blieb mitten im Raum stehen. Frühstückszeit, aber alle Tische waren frei.

»Sind Sie Rob?«

Eine alte Verkäuferin kam auf mich zu, in der rechten Hand eine Tüte, die fast bis zum Boden reichte. Ich fühlte mich wie im falschen Mobril-Film. »Sie haben doch gestern über Ultranetz bestellt? Auf acht Uhr? Sie sind pünktlich!«

»Ach so«, brachte ich heraus.

»Bitte schön, hier ist Ihre Bestellung. Drei Schokoladentorten, einmal mit Kirsche, zweimal mit Karamell. Alles ohne Aroma!«

Ich drückte verwirrt meinen Finger auf die Theke. Und ich dachte an den viel zu hohen Betrag, der in diesem Augenblick von meinem Konto abgebucht wurde. Ich hatte von solchen Geschäften in der C-Zone schon gehört. Wohlhabende wie Nomos schickten Shop-Kuriere zum Einkaufen dorthin.

Firmen siedelten sich gerne in der C-Zone an, weil selbst für einen Hungerlohn jeder alles tat. Die ganze Nacht Torten backen zum Beispiel. Ich hing meinen Gedanken nach und verließ grußlos das Café.

Und dann stand ich da mit meinen drei Schokoladentorten vor dem Schaufenster, als ein schwarzes Motorrad genau vor meinen Füßen bremste. Verblüfft schaute ich den Fahrer an. Er trug keinen Helm, hatte einen rothaarigen Lockenkopf. Bevor ich fragen konnte, wieso er mich fast umgefahren hatte, zog er mir die Mobril vom Kopf und fuhr davon. Ich blickte ihm fassungslos hinterher.

»Rob? Was schauen Sie so? Mann, ich steh im Halteverbot.«

Ich drehte mich zur Seite und sah durch ein geöffnetes Wagenfenster das Gesicht eines Taxifahrers.

»Ich bin 71 und kann Sie leider nicht tragen. Würden Sie deshalb bitte so freundlich sein und von alleine einsteigen.«

Nichts lief wie geplant. Zum Denken blieb keine Zeit. Ich musste mich auf das Spiel einlassen, wenn ich an das Geld kommen wollte. Leider ohne Mobril. Und ab jetzt auch ohne Plan.

Taxifahrer in der A-Zone waren oft nicht höflicher, nur jünger. Und sie hielten sich im Gegensatz zu diesem Fahrer an die Verkehrsregeln. Der Elektromotor summte los, die Reifen quietschten, und die Fahrt ins Ungewisse begann.

»Verrückte Aufträge gibt's 'ne Menge hier«, legte der Taxifahrer los. »Aber das übersteigt alles. Sunshine Café, Kunde, der doof aus der Wäsche schaut und eine Tüte voller Torten in der Hand hält.« Er sah kurz zu mir rüber. »Würde sagen, das trifft voll auf Sie zu. Ich muss mit Ihnen ein paar komische Ecken der Zone abfahren. Auf und ab. Immer schön in den Rückspiegel schauen. Am Ende unserer Odyssee lasse ich Sie beim Baby Q raus. Ihr Freund ist wahrscheinlich nicht mehr bei Trost.«

Dieser angebliche Freund konnte nur Arne Bergmann gewesen sein. Ich hätte Jojo doch über meinen Ausflug in die C-Zone informieren sollen. Aber er hätte mich an sich festgekettet, damit ich bloß kein Risiko eingehe.

Kurz vor meinem Ausflug in die C-Zone hatte ich Jojo geweckt.

»Guten Morgen!«, sagte ich.

»Gute Nacht! Bist du verrückt, mich so früh zu kontaktieren?«

»Muss meiner Mutter bei der Arbeit helfen heute. Ein paar Kundengespräche und so.«

Sie handelte mit Aktien, machte alles über Mobril, hatte ihr Büro quasi auf dem Kopf. Jojo nahm mir die Ausrede ab und war sogar froh.

»Dann treffe ich Melli. Die hat Sehnsucht.«

Melli und Jojo waren seit einem Jahr zusammen.

»Was habt ihr vor?«, fragte ich.

»Spaziergang in der Parkhalle.«

Klang romantisch, praktisch sah das aber so aus: Jojo spazierte mit seiner Mobril an Plastikbäumen entlang. Melli schaute ihm in einer anderen Stadt ein paar tausend Kilometer entfernt dabei zu. Ob ich trotzdem neidisch war? Ja! Sie hatten sich über Ultranetz kennengelernt. Die Partneragentur (*Superpartner sofort*) stellte eine 95,2-prozentige Übereinstimmung ihrer Profile fest. Gen-Eignungstest und Finanzcheck waren erfolgreich. Die ungünstige Entfernung machte die fehlenden 4,8 Prozentpunkte aus.

Melli hatte Infotech studiert und passte wohl schon deshalb super zu Jojo. Sie hatten sich noch nie richtig getroffen, aber das war bei Ultranetz-Beziehungen vollkommen normal.

»Was dagegen, wenn ich die Route ändere?«, fragte mich der Taxifahrer und riss mich aus meinen Gedanken.

»Wieso?«

»Weil wir ein paar Fans haben. Und das wollte Ihr Freund nicht. Da vorne gibt's ein altes Parkhaus mit mehreren Ausgängen.«

Ich dachte sofort an die schweren Jungs der Sicherheits-Scanner und an Nomos. Ich war gerade auf dem besten Weg, meinen Job zu verlieren. Mein Schweigen interpretierte der Taxifahrer als Zustimmung und bog scharf in die Einfahrt ab. Wir sausten mit dem Auto-Lift in die oberste Etage, von da vier Etagen runter, drehten einen Kreis auf der kompletten Ebene, und irgendwann fühlte ich mich so wie im Metro-Gleiter. Aber wir hatten die Verfolger abgehängt.

»Würden Sie bitte Ihre Mobril absetzen«, forderte ich den Fahrer auf.

Arne Bergmanns Verfolgungswahn war irgendwie ansteckend. Vielleicht hatte der Mann am Steuer auf öffentlichen Empfang geschaltet. Dann müsste ich das Kopfgeld mit ein paar tausend Ultranetz-Nutzern teilen. Aber ich war Arne Bergmann auf den Fersen. Und ich riskierte hier gerade alles. Sonst niemand.

Der Taxifahrer lachte. »Das ist 'ne Sonnenbrille.«

Er tippte sich auf die dunklen Gläser. »Ihr Freund hatte mich schon auf Ihre Mobril-Allergie angesprochen. In der C-Zone mögen's ja manche lieber geheimnisvoll. Und wie ich Ihrem Freund schon gesagt hab, für 'nen 20er extra fahre ich Sie auch nackt durch die Stadt.«

Ich entwarf auf dem Beifahrersitz einen groben Plan für die kommenden Ereignisse: Arne Bergmann treffen. Vorwand finden (noch keine genaue Idee, was eigentlich). Ihn kurz verlassen. Mobril leihen (ebenso offen, von wem überhaupt). Sicherheits-Scanner informieren. Bergmann hinhalten. Über irgendetwas sprechen. Ihn verhaften lassen. Geld kassieren. Fertig.

Und dann auf Ultranetz ausführlich über das große Abenteuer berichten und neue Freunde einsammeln. Mir fehlten noch 6500, damit meine Liste zu den Top-100 des achten Quartiers gehörte.

Ich ignorierte den Taxifahrer erfolgreich. Irgendwann verschonte er mich mit seinen Kommentaren. Er ließ sich eine alte Komödie auf die Frontscheibe projizieren und tat so, als würde er sich trotzdem auf den Verkehr konzentrieren. Ich schaute durch das getönte Fenster an meiner Seite. Das Einzige, was ich von der C-Zone kannte, waren die Haltestellen der Metro-Gleiter. Und das Grau in Grau, das am Fenster vorbeiflitzte. Jojo und ich fuhren auf der Suche nach Lesern immer bis zur letzten Station der C-Zone. Und von da wieder direkt in die A-Heimat.

Jeder, der in der A-Zone keinen Job fand, zog in die B-Zone. Wer dort nicht Fuß fassen konnte, wollte dennoch bleiben. Und zwar mit allen Mitteln. Die C-Zone galt als der gefährliche Seniorengürtel der Stadt. Gefährlich waren aber nicht die vielen Alten. Um die unzähligen Rentnerheime und Senioren-Schlafsäle hatte sich eine kriminelle Nachbarschaft angesiedelt. Zumindest wurde davon täglich in den Ultranetz-Nachrichten berichtet.

»24 Tote bei Überfall in C-Zonen-Reinigungsfabrik.«

»Rentner ermordet – Mobril gestohlen!«

»Quarantäne nach dritter Epidemie im Randquartier!«

»Die C-Zone gilt als rechtsfreier Raum«, hatte mir meine alte Professorin nach einer Einheit Altwissen gesagt.

»Keine Ahnung. Ich hab dort den Metro-Gleiter noch nie verlassen«, antwortete ich ihr.

»Die Polizei der Zonenverwaltung unternimmt nichts in der C-Zone.«

»Und wieso?«, fragte ich.

»Weil die Polizei davon profitiert. Alle Problemfälle der Stadt versammeln sich in einer Zone und machen somit keinen Ärger in den anderen Zonen.«

Meine Professorin erzählte oft so komische Sachen.

Doch von all den Bösen und Gefährlichen sah ich auf unserer Taxifahrt nichts. Die Problemfälle waren vermutlich nachtaktiv. Stattdessen sah ich überall Menschen mit faltigen Gesichtern. Sie stützten ihre schwachen Körper auf Krücken.

Manche hatten veraltete Mobril-Modelle (erste Generation), die ihnen nur den Weg nach Hause erklären konnten. In der C-Zone lebten die Ärmsten der Ärmsten. Trotzdem hatte jeder so eine Brille auf dem Kopf. Das wunderte mich. Bis Werbung die Komödie auf der Frontscheibe des Taxifahrers unterbrach. Dann wunderte mich nichts mehr. In der A-Zone erhielt man alles Mögliche, wenn man einen Fünfjahresvertrag abschloss. Eine Box mit 500 Filmen für den Animator, Jahrestickets für die Elektro-Busse und Metro-Gleiter. Die Ultranetzwerbung in der C-Zone sah anders aus.

»Mein zweites Leben …«, sagte eine ältere Dame mit einer Mobril in einer Hängematte liegend, »… findet in der A-Zone statt.«

Eine junge Frau joggte über die Frontscheibe des Taxis durch die Parkhalle und strahlte kurz vor dem Seitenspiegel des Fahrers zu uns hinein. »Ich bin Ihr zweites Leben. Einmal im Monat, einen ganzen Tag lang, mache ich das für Sie, was Sie wollen. Sport in der Parkhalle, aromafreies Essen im Restaurant … Ganz egal. Und das alles in der A-Zone! Mit der Kraft einer 20-Jährigen!«

Eine viel zu schnell sprechende Stimme erklärte die Vertragskonditionen am Ende des Spots.

»Was hat der gerade gesagt?«, fragte mich der Taxifahrer.

»Man muss nur einen unschlagbar günstigen Mobril-Vertrag abschließen«, fasste ich es zusammen.

»Was heißt unschlagbar günstig?«

Der Taxifahrer wollte es genau wissen. Oder er wollte mich einfach nur nerven. Vermutlich sah er den Spot alle paar Minuten, wollte aber von mir unterhalten werden.

»Auf Lebenszeit 120 Minuten Werbung am Tag«, erklärte ich. »Doch der Vertrag ist inklusive 150 beste Freunde mit Premium-Status.«

»Die Freunde bekommt man dazu?«

»Nur die ersten 150 …«, erklärte ich.

»Und was sind das für Freunde?«

»Menschen, die sehr gut zu Ihrem Profil passen.«

»Und die werden einfach so meine Freunde?«, fragte er und machte eine Pause. »Schöne neue Welt, oder?«

Ich machte nicht mehr mit und schaute aus dem Fenster. Viele der Männer hatten lange graue Haare und Bärte, die bis zur Brust reichten. Ich musste an Arne Bergmann denken. Manche Frauen hatten hochgesteckte Frisuren, Zöpfe, Rasta-Locken.

Viele Alte kauerten auf den Bänken am Straßenrand. Sie humpelten am Stock auf dem schmalen Fußweg. Ein E-Hund auf vier Rädern zog eine alte Frau. Ganz selten liefen auch mal zwei Leute nebeneinander.

Manche lagen reglos auf dem Boden am Straßenrand. Was keinen interessierte. Uns auch nicht. Ich konnte sowieso nichts ändern, war von all dem wie gelähmt.

»Wie wär's mit ein wenig Nador?«, fragte mich mein Taxifahrer. »Ein Gramm für einen Fünfer?«

Typisch C-Zone, dachte ich. Ich hatte noch nie von dem Zeug probiert. Jojo nahm alle paar Tage Nador. »Relaxt dich total«, so Jojos Ansage. Ich wollte davon nichts wissen. Ursprünglich war Nador ein Medikament für Alte. Pfleger in den Seniorenlagern der C-Zone verteilten es an die Bewohner.

Außerhalb solcher Einrichtungen verkauften Dealer das Nador in allen möglichen Farben und Formen – vom Pulver bis zur Pille.

»Ein anderes Mal«, lehnte ich das Angebot des Taxifahrers ab.

Er schüttelte den Kopf, widmete sich wieder der Komödie auf der Frontscheibe. Wir fuhren weiter raus. Es sah immer schmutziger und ärmlicher aus. Immer grauer und unglatziger.

Ein paar Alte standen um einen Haufen mit brennenden Abfällen. Sie streckten die Arme in Richtung der blauen Flammen und rieben sich die Hände.

»Von wegen Juli«, sagte der Taxifahrer und zeigte raus.

Ich nickte.

»Sommer bedeutet nichts mehr«, sagte er. »Die Temperaturen schwanken beliebig. Schneeflocken würden mich nicht wundern heute.«

Ich nickte noch einmal.

»Ist aber erst seit dem letzten Krieg so. Seitdem macht das

Wetter, was es will. Kannst mir glauben. Ich hab alles erlebt.«

Ich glaubte ihm. Das überschnitt sich mit dem, was mir meine Eltern vom letzten der großen Kriege erzählt hatten. Ich schaute wieder zum Camp. Frauen und Männer standen dicht nebeneinander am Feuer. Ich sah dunkle Zeltplanen, die notdürftig mit Seilen an Strommasten befestigt waren. Überall schwarze Stofffetzen voller Löcher. Die Alten am Feuer hatten das gleiche Material um ihre Körper gewickelt. Unter einer Zeltplane schaute Heu hervor, sicher aus Plastikfasern. Vermutlich schliefen sie darauf.

»Camp Hope 48, ich sag immer D-Zone dazu«, klärte mich der Taxifahrer auf. »Keine Sorge, da vorne wird's wieder besser.«

Besser war relativ. Auf dem Boden lagen noch mehr Alte. Sie schliefen zwischen Bergen aus Müll. Manche kratzten mit ihren Fingernägeln Tüten auf, durchsuchten sie. Das hatte ich noch nie auf Ultranetz gesehen.

»Die meisten haben nur eine Nador-Überdosis. Keine Sorge, Kleiner.« Der Taxifahrer schlug mir kräftig auf den Schenkel.

Nador macht satt und glücklich, lautete der Werbeslogan der Pharmafirma. Ein anderer: *Nador ist das Lebensmittel für die reifen Jahre.* Die Spots mit strahlenden Rentnern liefen ständig auf Ultranetz. Ein älteres Paar – er im Anzug, sie im langen Kleid – nahm von einem silbernen Teller zwei Pillen. Sie ließ das runde Zauberding im Mund verschwinden und lehnte sich entspannt zurück. Die Sonne ging auf, ihr Gesicht strahlte. Ein Kinderchor stimmte das Nador-Liedchen an.

46

»Nador ist guuuut, gibt dir Lebensmuuuut. Nador nimmt den Hunnnnger, auch deinen Kummmmmmer. Naaaa-doooor.«

»Nador wirkt genauso und nicht anders«, verteidigte Jojo die Werbung immer. Ich sah meine Zweifel von den bewusstlosen Rentnern am Straßenrand bestätigt.

Die Idee bei Nador war simpel. Lebensmittel kosteten viel Geld. Zu viel Geld. Selbst meine Familie hatte nicht immer eine volle Aromazelle in der Küchenbox. Und wir lebten in der A-Zone! Frische Nahrung gab es bei uns an Geburtstagen. Sonst war das Essen chemisch zubereitet. Fleischersatz schmeckte zwar irgendwie nach Fleisch, allerdings vor der letzten Eiszeit gejagt. Ohne Ultranetz-Link wusste ich oft überhaupt nicht, was das Essen auf dem Teller darstellen sollte.

»Nador erleichtert das Leben in den reifen Jahren und entlastet die Haushaltskasse«, sagte die Zonenverwaltung. Was immer in so einer Pille war, sie machte satt. Laut Ultranetz-Link versorgte sie einen zudem »mit Vitaminen, Kohlenhydraten, Mineralstoffen und was man so alles zum gesunden Leben braucht«.

Es gab zwei Gründe, wieso die Pille nicht bei uns zu Hause auf den Tisch kam. Erstens brauchte man für die Nador-Pille ein Rezept der Gesundheitsbehörde. Das bekamen erst über 60-Jährige. Zweitens, was wiederum mit erstens zusammenhing, hatte sie offenbar starke Nebenwirkungen. Was die Pharmafirma mit »satt und glücklich« anpries, umschrieben Nador-Kritiker mit »träge und doof«.

Ein Hobby-Doc-1995 von meiner Freunde-Liste sagte mir auf Nachfrage (ich machte mir wegen Jojo einmal Sorgen):

»Die Pille löst Glücksgefühle aus und verursacht einen Dämmerzustand. Der Konsument ist für sechs bis sieben Stunden eingelullt in Watte. Ob das deinem Freund schadet? Keine Ahnung.«

Selbst Nador-Superfan, der es eigentlich wissen müsste, antwortete unklar. »Hab oft Kopfschmerzen davon. Hatte die aber auch vorher manchmal. Hörte von Freundin, Nador macht unfruchtbar. Freundin lügt aber oft.«

Und Mona2010 (die 23-mal meine Mobril-Einladung in die Parkhalle löschte): »Wasser ist ganz wichtig. Hauptsache drei Liter Wasser am Tag. Hatte Nador noch nie!«

Ich kopierte die Kommentare in ein Ultranetz-Forum zu Nador. Vielleicht würde ich mit ihnen wenigstens anderen helfen. Ich selbst konnte nämlich überhaupt nichts damit anfangen.

Jojo kaufte seine Pillen, wenn wir ein paar Minuten Aufenthalt in der C-Zone hatten. Dealer marschierten wie die Ticket-Verkäufer auf und ab. Ich stellte mir vor, wie sich Jojo in seiner Wohnung eine Pille schmiss. Er lag in meiner Phantasie zwischen all den aufgeschraubten Mobrils, E-Book-Readern und Kabelresten – so wie die Alten hier zwischen dem Müll.

»Was geschieht mit denen?«, fragte ich den Taxifahrer.

»Entweder sie wachen irgendwann von alleine auf und lassen sich von ihrer Mobril in ihren Schlafsaal manövrieren. Oder sie bleiben liegen, bis nachts die Gesundheitsbehörde kommt.«

»Und was machen die?«

»Junge, so ein ahnungsloser, verzogener Schnösel aus der A-Zone hat mir gerade noch gefehlt!«

Mehr sagte er nicht.

Und der ahnungslose, verzogene Schnösel aus der A-Zone hielt die Klappe, bis der E-Motor nicht mehr summte. Wir parkten vor einer grauen Häuserzeile.

»Da vorne ist das Baby Q, hat mittags geschlossen, aber das wusste Ihr Freund.« Ich presste den Finger auf die Konsole zwischen uns. Ich hatte noch nie so viel Geld für eine Taxifahrt ausgegeben.

Ich wartete mit meinen drei Schokoladentorten vor dem breiten Eingang des Baby Q. Eine dicke Metallkette hing vor der Tür. Ich entdeckte keine Fenster, aber dafür, was Baby Q überhaupt war. Die Preise für Cocktails (*Zonenfieber* für fünf, *Nador-Cola-Mix* für acht) flimmerten über eine Leinwand.

Ein Animator klappte aus einem kleinen Fenster. Er projizierte den Barkeeper vor den Eingang. »Heute ab 22 Uhr fünf Gläser Bieraroma für den Preis von zwei!« Es zischte, und ich spürte kalte Wassertropfen im Gesicht. Es roch tatsächlich nach Bier.

Ich ließ mich noch fünfmal anzischen und sah eine andere Projektion in Rot über dem Eingang blinken. *Nur Barzahlung.* Kein Wunder. Getränke mit Nador waren ja nicht gerade das, was man legal nannte. Zumindest hätte in der A-Zone niemals eine Bar damit am Eingang werben dürfen.

Ich sah drei Senioren nebeneinander auf dem Gehweg schlummern. Ein Motorradfahrer sauste ohne Helm an mir vorbei. Der rote Lockenkopf mit meiner Mobril! Ich strich mir mit der Handfläche quer über den Kopf. Fühlte mich mit der frisch rasierten Glatze unwohl.

Wo war dieser Arne Bergmann? War das eine Falle, ein Hinterhalt? Aber wieso? Ich stellte mir vor, wie Nomos über seine Mobril von meiner Entführung erfährt. »100 000 in bar, oder Rob wird mit zwanzig Gramm Nador in ein künstliches Koma versetzt.«

Nomos hätte den Kontakt ohne groß nachzufragen gelöscht. Tausende Bewerber warteten vor der Tür von Ultranetz. In zwei Minuten hätte Nomos mich ersetzt. Und der nächste Buchagent hätte wie wir alle erst einmal ein unbezahltes Buchagenten-Praktikum gemacht. Wer ein Jahr keine Fehler machte, nichts kritisierte, der bekam den Job schließlich.

Jemand presste von hinten mit den Händen kräftig auf meine Schultern. Ich drehte mich wütend um und sah in die schwarzen Mobril-Gläser eines älteren Mannes.

»Bergmann ...«, schrie ich.

Ich irrte mich. Der ältere Herr vor mir war mit Sicherheit ein Jahrzehnt älter als Arne Bergmann. Speichel tropfte aus seinem Mund.

»Schwester Susanne ...« Mehr sagte er nicht.

Er ging auf die Knie. Umschlang meine Beine und fiel wortlos zur Seite um. War das eine versteckte Botschaft für mich? Ich beugte mich zu dem Alten. Sein Puls schlug langsam. Aber er schlug. Dieses verflixte Nador hätte ihn fast umgebracht – und mich vor Schreck gleich dazu. Ich zog den Mann am Oberkörper so sanft wie möglich zu den drei auf dem Boden schlafenden Herren.

Ich schaute mir seine Mobril an. *Akku* blinkte in roter Schrift auf den Gläsern. Gut so, eine Übertragung hätte mir gerade noch gefehlt. Ich richtete mich auf und sah endlich die Aufschrift an einem Gebäude, in dem wir bei einem Treffen bestimmt ungestört sein würden. *Öffentliche Toilette. Waschräume.*

DIE UNTERRICHTSSTUNDE

Der alte Mann am Eingang lächelte mich vorsichtig an. Er saß an einem Plastiktisch. Gleich neben der Tür im Inneren des schlauchförmigen Raumes. Ein silberner Kasten mit der Aufschrift *Mobiler Zahlungsempfänger* lag vor ihm. Das Sicherheitssiegel der Zonenverwaltung blinkte grün.

Der Mann trug einen weißen Pullover und weiße Hosen. Über die kurzen grauen Haare hatte er sich eine Duschhaube gezogen. In den runzeligen Händen hielt er ein kleines Büchlein mit vergilbten Seiten. So falsch konnte ich also nicht sein.

Ich blieb vor ihm stehen. Stellte die Tüte mit den drei Schokoladentorten auf dem Tisch ab. Sein vorsichtiges Lächeln formte sich zu einem breiten Grinsen. Er hatte mehr Zahnlücken als Zähne.

Entweder wusste er genau, wer ich war und zu wem ich wollte. Oder er hatte sich eine Nador-Pille als spätes Frühstück gegönnt. Wir blickten uns beide schweigend an. Ich war verunsichert. Bis er auf die Tüte zeigte.

»Was ist das?«

»Schokoladentorten.«

»Welche Sorten?«

»Zweimal mit Karamell und einmal mit Kirsche – ohne Aroma.«

Er grinste noch breiter und nickte. Das waren die Antworten, die er hören wollte.

»Linke Tür. Damen. Dritte Kabine von rechts. Torten bleiben hier.« Mehr sagte er nicht.

Defekt stand auf dem Schild, das vor dem Türsensor hing. Ich schob die Tür auf. Hinter mir glitt sie zu und verriegelte sich. Für eine defekte Tür nicht schlecht, dachte ich. Nichts geschah. Ich las die Sprüche an den hellgrün gefliesten Wänden.

Liefere Nador diskret und zuverlässig. Frag nach Steve im Baby Q.

Zärtlichkeit im Alter? Such in Ultranetz nach C-Zonen-Lora.

Und seitlich davon in Schwarz: *Ich bin kein großer Dichter, ich bin viel schlichter. Der Pirat.*

Ich versuchte die Tür wieder zu öffnen. Wollte mich bei dem lächelnden Herrn mit der Duschhaube nach Arne Bergmann erkundigen. Da bewegte sich hinter mir das Klosett. Genauer gesagt, es versank im Boden. Ein Loch öffnete sich. Ich wollte raus. Die Tür wollte das nicht. Ich rief nach dem Duschhauben-Mann am Eingang.

»Rob! Einfach den Stufen folgen«, kam es da von unten.

Ich erkannte die Stimme und beugte mich über das schwarze Loch. Die Öffnung hatte einen Durchmesser von etwa einem Meter. Ich sah ein paar Stufen und folgte ihnen.

Die Treppe endete nach 19 Schritten. Ich stolperte in einen dunklen Raum hinein und hörte, wie sich das Loch über mir mit einem *Mzzzp* schloss. Es war vollkommene Nacht und Stille.

»Direkt vor dir steht ein Sessel, mach es dir bequem.«

»Herr Bergmann, also ein wenig Licht …«

»… brauchen wir heute nicht. Nenn mich Arne, und bitte setz dich doch.«

Ich tastete mich voran und fühlte einen weichen Stoff unter meinen Händen. Ich setzte mich, wollte aber beim Thema Dunkelheit nicht lockerlassen.

»Herr Bergmann, ohne Licht … «

»… lässt sich ausgezeichnet reden. Du brauchst keine Bilder für das, was wir besprechen. Und übrigens, ich wiederhole mich, nenn mich doch bitte Arne.«

Arnes Stimme war so samtig wie der große Sessel, in dem ich versank. Ich holte Luft und wollte das mit dem Licht ausdiskutieren. Bis hierher lief nichts nach Plan. Das musste ich langsam ändern. Ich war dem Kopfgeld so nah, aber auch so fern wie nie.

Ich hatte Arne Bergmann vor mir. Mehr war nicht nötig. Die 500 000 gehörten quasi schon mir. Aber wie sollte ich die Sicherheits-Scanner kontaktieren? Ich musste irgendwie aus dem Keller, eine Mobril finden, die Sicherheits-Scanner benachrichtigen und abhauen.

Vorerst konnte ich allerdings nirgendwohin. Also ließ ich mich auf das Gespräch ein. Ich wollte es hinter mich bringen.

»Wieso dürfen wir uns nicht sehen?«, fragte ich.

»Wir beide dürfen uns jederzeit sehen. Heute sind wir aber nicht alleine.«

Ich lauschte vergeblich ins Nichts.

»Einige von unserer Organisation interessieren sich für dich. Sobald wir dir vertrauen, wirst du sie kennenlernen. Die Büchergilde muss vorsichtig sein.«

Eine Organisation? Büchergilde? Die Gruppe kannte ich nicht. Die AMF (Anti-Mobril-Fraktion), die war bekannt. Das waren die, die in Mobril-Geschäften randalierten.

Auch die UWB (Ultranetz-Widerstands-Basis) sorgte manchmal für Aufsehen. Angeblich steckten nur drei, vier Programmierer hinter dieser Gruppe.

Sie behaupteten, Ultranetz übe Zensur aus. Irgendwer würde entscheiden, was wir zu sehen bekamen und was nicht. Alles Quatsch. Zugegeben, bei meinem Ausflug in die C-Zone hatte ich so manches mitbekommen, das ich noch nirgends auf Ultranetz gesehen hatte. Und von *Camp Hope 48* hatte ich auch noch nie gehört.

Aber ich hatte bis jetzt einfach nie nach solchen Dingen gesucht. Und bestimmt hatten sie ein schlechtes Ranking. Im Vergleich zur Anti-Mobril-Fraktion und der UWB klang Büchergilde auf jeden Fall wie ein netter Seniorenclub. Kein Grund also, dass ich in diesem dunklen Loch in Panik geriet.

»Wer seid ihr? Wer ist außer uns beiden noch im Raum? Wieso ... «

Ich hörte, wie Arne tief Luft holte, und schwieg.

»Das sind viele Fragen auf einmal. Heute beantworte ich keine davon.«

Dann eben nicht, dachte ich mir. Ich wollte nach diesem Gespräch meine 500 000. Es würde keine weiteren Treffen mehr geben. Es sei denn, ich würde Arne und seine Organisation im Zonengefängnis besuchen. Und das hatte ich nicht vor.

»Warum wolltest du mich treffen?«, fragte ich.

»Die Frage ist, wieso du gekommen bist. Du riskierst sehr viel.«

»Wieso wohl? Na weil, weil ...«

Ich brachte den Satz nicht zu Ende. Mir fiel keine glaubhafte Lüge ein. Und ich hatte das ungute Gefühl, dass Arne die echte Antwort kannte.

»Du arbeitest als Buchagent«, sagte er. »Du suchst nach Lesern. Du kaufst ihnen ihre Bücher ab. Du scannst sie und überreichst sie Nomos. Weißt du, was Buchagenten früher gemacht haben?«

Diese Fragerei gefiel mir überhaupt nicht, so wenig wie alles andere, das seit dem Besuch des Sunshine Cafés geschah.

»Weiß nicht, worauf du hinauswillst«, sagte ich in den dunklen Raum.

Nicht Arne reagierte auf meinen Protest. Ich hörte eine ältere Frauenstimme.

»Ich hatte mehrere Schriftsteller, mit denen ich zusammenarbeitete. Die Autoren stellten mir ihre Buchprojekte vor. Ich suchte nach einem Verlag, was gar nicht so einfach war. Und wenn ...«

Bla, bla, bla, dachte ich. Sie textete endlos. Das schien ein Merkmal aller Büchergilde-Senioren zu sein.

»... war das Buch gedruckt, waren wir alle glücklich. Der Autor, der Verlag und ich. Die Buchagentin.«

Zum ersten Mal bei diesem Treffen war ich froh, dass der Raum stockfinster war. Ich wollte nicht gesehen werden, wie ich da im Sessel saß und von nichts einen Schimmer hatte. Die alte Dame lehrte mich also ein wenig Buchgeschichte. Moment. Vielleicht war es Propaganda. Büchergilden-Werbetexte für neue Mitglieder! Genau, so war es vermutlich. Sie wollten mich hier in dieser Kammer bearbeiten. Mein Gehirn waschen. Ich sollte ihnen den Blödsinn von Autoren und Verlagen abnehmen.

Aber nicht mit mir, nicht mit Rob, dem Buchagenten der Scan AG, dem echten Buchagenten! Und endlich fielen mir die passenden Worte aus einem Nomos-Seminar ein (Titel: *Das hohe Lied auf das Buch – und andere Lügen*).

Ich beugte mich vor. »Schön! Die Leser haben sich also über Bücher gefreut, für die sie viel Geld bezahlt haben. Aber doch ein wenig unfair. Wieso darf nicht jeder diese Bücher lesen? Jederzeit! Kostenlos! Auch der, der kein Geld hat. Dürfen nur Reiche lesen?«

Ich suchte noch nach einem letzten Satz, der es in sich hatte. »Verlage sind Altwissen! Ultranetz ist Zukunft.«

Das sollte selbstbewusst klingen, meine Stimme war leider etwas brüchig. Ich textete nicht so viel ansonsten. War kein Monologisierer wie die von der Büchergilde. Hatte keine Übung darin.

Schweißperlen bildeten sich auf meiner Glatze. Ich wischte sie mit der Hand weg. Nutzte die Dunkelheit, um die nassen Finger an der Armlehne des Sessels trockenzureiben.

Einer der letzten AMF-Anschläge schoss mir durch den Kopf. Die Ultranetz-Gegner hatten sich auch dem Kampf gegen Nador verschrieben. Einmal hatten sie den *Nador macht satt und glücklich*-Werbespot verändert. Jojo hatte mir die Version auf meine Mobril geschickt. Die glitzernden Werbebilder blieben die gleichen, der Slogan war neu: *Nador tötet Ihren Appetit auf Leben.*

Ich starrte in die Dunkelheit, hielt meine Hand unmittelbar vor die Augen und sah nichts. Keiner im Raum sagte etwas. Sie warteten auf mich. Sie konnten nicht nur hervorragend monologisieren, sondern auch hervorragend schweigen.

Doch sie konnten so lange hervorragend schweigen, wie sie wollten. Für mich war das Verhör zu Ende. Ich musste hier raus. Und zwar schnell.

Ich überlegte, wie ich das Treffen beenden konnte. Da füllte die ältere Dame wieder mit ihrer Stimme den Raum. »Wissen Sie, früher erschufen wir Buchagenten Bücher. Sie und Jojo hingegen vernichten sie.«

Ich wollte meine Ruhe. Ich wollte nicht diskutieren. Ich wollte die 500 000. Und ich wollte nach Hause. Das ständige Vernichten-Gefasel ging mir aber zu weit.

»Sie brauchen vor der digitalen Revolution keine Angst zu haben! Qualität und Leistung werden honoriert!«, sagte ich in die Richtung, in der ich die alte Frau vermutete.

Eine andere Stimme meldete sich. Männlich, aber nicht Arne und wohl etwas älter als er. »Und von was soll ich leben?«

»Wie meinen Sie das?«, fragte ich.

»Ich freue mich über Leser, die überall und jederzeit meine Bücher lesen. Aber wovon soll ich leben, wenn das Buch kostenlos ist?«

Ein Schriftsteller saß also auch noch in diesem Kerker. Noch ein Monologisierer. Ich machte mich auf alles gefasst.

»Ich musste für meine Bücher immer reisen und forschen«, sagte er.

»Kann man alles auf Ultranetz finden! Das spart Zeit und Geld«, sagte ich.

»Weißt du, dass manche meiner Kollegen sich aus Verzweiflung das Leben genommen haben?«

»Weil ihnen Ultranetz beim Schreiben geholfen hat?«,

fragte ich. »Und sowieso stimmt das nicht, was Sie da sagen!«

»Stimmt nur das, was auf Ultranetz steht?«, fragte der Mann.

Ich schwor mir, weder Arne Bergmann noch sonst jemanden von der Büchergilde jemals wiederzutreffen. Ich musste den Lichtschalter finden und dieser Gehirnwäsche entkommen.

Und überhaupt, diese Fragerei. Jojo und ich warfen uns dumme Sprüche zu. Das war's. Die meisten Fragen ließen sich mit »Nee, Jojo« oder »Klar, Jojo« beantworten. So richtig diskutierten wir nie. Wenige Gespräche, wenige Probleme. In dem dunklen Keller in der C-Zone gegenüber von Baby Q war das andersherum. Viele Gespräche, viele Probleme.

Der Schreiberling war noch nicht fertig mit mir. »Du hast von den weltweiten Lesern gesprochen. Ich hab mich immer gefreut, wenn Bücher von mir übersetzt wurden. Aber übersetzen, das ist eine Kunst für sich.«

»Es dauert zwei Sekunden, und Ultranetz hat eine ganze Trilogie übersetzt!«, sagte ich.

»Automatisch erstellt. Ohne Künstler. Also ohne menschlichen Übersetzer, und sprachlich ...«

»Sie moralisieren. Und Sie monologisieren«, platzte es aus mir heraus.

»... und sprachlich, mit Verlaub, eine Zumutung«, setzte er unbeirrt fort.

Der alte Mann klang wie einer der Schauspieler auf dem Klassikkanal. *Mit Verlaub* – wer sagte denn so was noch?

»Wenn das Buch aber kostenlos ist, kann kein Übersetzer

bezahlt werden. Daher sind mit der Scan AG erst die Autoren bankrottgegangen und später die Leute, die deren Werke in andere Sprachen übertrugen.«

Sollte ich jetzt Mitleid mit diesen Dinosauriern bekommen? Ihre Spezies war ausgestorben. Natürliche Auslese. Ich legte mir die Sätze aus dem Nomos-Seminar zurecht.

»Die Scan AG sorgt doch erst dafür, dass überhaupt noch jemand die Autorennamen kennt! Der Ultranetz-Konzern erschafft ein einmaliges Archiv der Weltliteratur.«

»Es ist ein Friedhof, den keiner besucht!«, sagte der schreibende Dinosaurier.

Die Gehirnwäsche brachte mich langsam durcheinander. Ich wusste nicht mehr, was ich wissen oder glauben sollte. Ich brauchte Ruhe und Zeit, mein Bett und meine Mobril. Auf jeden Fall meine Mobril. Ich wollte Jojo kontaktieren. Was hätte er dazu gesagt? Hätte er ein paar Argumente für mich auf Ultranetz gefunden? Sicher hätte er Arne Bergmanns Organisation Contra geboten. Mehr als ich. Ich musste eine lächerliche Figur abgeben.

»Mobril und Ultranetz – kannst du dir ein Leben ohne noch vorstellen?«

Moment. Die Stimme dieser Frau kannte ich. Aus einem Mobril-Film oder einer Animation? Hmm. Wieso arbeitete ein Film-Promi für die Büchergilde?

»Früher organisierte man mit Hilfe der Technik Proteste«, sagte sie.

Ich versuchte, mich an ihre Filme zu erinnern.

»Man verabredete sich zu Demonstrationen. Doch irgendwann gehörte alles nur noch einem Konzern. Und Konzerne wollen Geld verdienen! Keine Regierungen stürzen!«

Eine ältere Darstellerin, so viel war sicher.

»Die Regierung sagte: Abschalten! Und der Konzern de-aktivierte Mobril-Verbindungen und zensierte alles, bis der Protest vorbei war.«

Spielte sie in den Filmen die Guten oder die Bösewichte? Helden oder Verlierer? Ich kannte die Stimme, und am liebsten hätte ich sie gefragt, woher. Aber sie ließ keinen Raum für meine Fragen.

»Ohne Technik hat man keine Chance mehr. Man weiß ja nicht einmal, wo die anderen wohnen. Man kennt nur die Ultranetz-Profile. Wie viele Proteste würde es wohl geben, ohne Ultranetz, ohne diese Ablenkungsmaschinerie?«

Arne räusperte sich und beendete endlich die Vorstellung. Er erteilte mir noch eine Reihe altkluger Ratschläge.

»Wenn wir uns treffen, suche den Weg nicht über Ultra-netz.«

»Wir werden uns nie wiedersehen«, sagte ich sehr leise und nur für mich.

»Frage dich durch, erkundige dich bei Leuten, die keine Mobril tragen. Nomos und die Sicherheits-Scanner sind uns auf den Fersen.«

Er schwieg kurz. Ahnte er etwas? Wusste er von dem Kopf-geld?

»Alles was du mit deiner Mobril siehst, egal ob du sie sperrst oder nicht, können sie sehen. Alles was du in Ul-tranetz machst, beobachten sie. Deswegen mussten wir deinen Weg zu uns auch länger und komplizierter ge-stalten.«

Ich dachte an den Verlust meiner geliebten Mobril, die teuren Schokoladentorten ohne Aroma, die kostspieligste

Taxifahrt meines Lebens und schüttelte noch immer verärgert den Kopf. Konnte ja sowieso keiner sehen.

Langsam sickerten Arnes Worte zu mir durch.

»Wieso sollte Nomos deiner Meinung nach glauben, dass wir uns treffen?«, fragte ich.

»Ich bin laut Nomos gefährlich. Darf ich das so behaupten?«, fragte Arne.

»Stehst zumindest oben auf einer der Listen.«

»Hat sich Nomos nach unserem gestrigen Treffen im Metro-Gleiter bei dir gemeldet? Nachdem Jojo ihn kontaktiert hatte? Hat er dich in die Zentrale gebeten?«

Darüber hatte ich bisher nicht nachgedacht.

»Nomos will, dass du mich triffst. Er will von dir zu uns geführt werden, zu unseren geheimen Orten. Nicht nur zu diesem Außenposten. Er will in das Herz der Büchergilde vorstoßen.«

Arne wartete, und der nächste Satz versetzte mir einen Schlag. »Oder willst du dir das Kopfgeld alleine sichern und bist deswegen hier?«

Mein Hemd klebte am Sessel. Nichts geschah. Keiner sagte etwas. Bis Arne das Schweigen durchbrach. »Denk daran, keine Mobril, kein Ultranetz. Benutze lieber die Schaltkreise in deinem Hirn. Zumindest wenn wir uns treffen.«

Das hatte gesessen. Ich konnte nicht mehr. Ich wartete wie ein Schüler auf das Pausenzeichen.

»Erinnerst du dich an das, was die Stimme in unserer Mobril-Botschaft zu dir sagte?«, fragte Arne.

»Nein«, log ich.

Und dachte an die zwei Buchstaben auf der weißen Feder am Ende der unheilvollen Nachricht. *B* und *G* standen also für *Büchergilde*. Arne wiederholte den Spruch aus der Animation vor der versammelten Keller-Gesellschaft. »Wer Bücher scannt, löscht deine Vergangenheit und deine Zukunft.«

Er machte eine Pause.

»Denk darüber nach. Wir werden uns wiedersehen. Beim nächsten Gespräch musst du mir sagen, ob du dich für uns entschieden hast. Unser heutiges Treffen ist zu Ende.«

Ich hörte, wie Stühle rückten. Wie bestimmt ein Dutzend Stimmen flüsterten. Waren wirklich so viele im Raum? Eine Tür links von mir öffnete sich. Ich spürte einen kalten Luftzug. Eine Hand strich mir über meine Glatze, sicher Arne.

Jemand drückte mir einen vertrauten Gegenstand in die Hand. »Schalte deine Mobril erst zu Hause wieder ein!«

Das war die Schauspielerin. Ich konnte sie noch immer nicht zuordnen. Ich hörte Schritte, das Verriegeln einer Tür. Totenstille. War der Raum leer?

Über mir öffnete sich die Decke, Licht drang ein, ich sah die Stufen. Ich hielt mir die Hand vor die Augen und stapfte benommen nach oben.

DAS SCANNEN

»Mobril. Kontakt. Sicherheits-Scanner.«

Das sagte ich nicht. Ich kontaktierte sie nicht. Ich konnte es nicht. Nicht wegen Arne, nicht wegen des Schriftstellers, nicht wegen der Buchagentin. Sondern wegen der alten Frauenstimme.

Kaum hatte ich den Keller neben dem Baby Q verlassen, konnte ich sie endlich zuordnen. Die Frau, die in diesem dunklen Loch zu mir gesprochen hatte. Die Frau, die mir meine Mobril in die Hand gedrückt hatte. Ich kannte sie nicht aus Mobril-Filmen oder dem Animator. Ich kannte sie aus Uni-Zeiten. Es war meine alte Lehrmeisterin. Die auf einmal spurlos verschwundene Professorin.

Das machte alles noch komplizierter. Viel komplizierter. Keine Ahnung, wieso sie Mitglied dieser Organisation war. Aber hinter Gittern hatte sie nichts zu suchen. Ich wollte über dieses Treffen schweigen. Für immer. Und nur für sie. So schwer mir das bei 500 000 fiel.

»287 verpasste Kontaktversuche« meldete die Mobril, als ich am frühen Nachmittag wieder zu Hause eintraf und sie mir aufsetzte. 252 aus meiner Freunde-Liste (ausschließlich Weiterleitungen von persönlichen Mobril-Szenen »an alle Freunde«), fünf waren von Jojo, 30-mal hatte der Mobril-Service versucht, mich zu erreichen. Daran hatte ich gar nicht mehr gedacht. Der Mobril-Service und der Werbevertrag!

Mir blieb nur eine Alternative. Ich musste schummeln.

»Mobril. Kontakt. Mobril-Service.«

»Wie heißt der beste Animator-Schocker aller Zeiten?«, fragte mich eine rauchige Stimme. Es gab Tausende, und sowieso wollte die Stimme nur den Titel hören, der heute früh in der Werbung gelaufen war. Chancenlos.

»Weiter«, sagte ich.

»In welchem Club des 12. Quartiers kannst du drei Tage und Nächte durchfeiern?«

»Baby Q«, rief ich. Das lag in der C-Zone. Aber vielleicht hatte ich ausnahmsweise Glück, und es gab mehrere davon.

»Wo findest du eine Lebensgefährtin, die wirklich zu dir passt?«

Die Frage nervte. Ich hätte in meinem Profil nichts von meinem Single-Dasein sagen sollen. Erstaunlich viele attraktive Frauen in meinem Alter und mit meinen Interessen wollten mich seitdem kennenlernen. Manchmal antwortete ich auf die viel zu teuren Anzeigen und landete immer bei Vermittlungsagenturen, die noch viel teurer waren. Spätestens da machte ich einen Rückzieher.

»Superpartner sofort«, versuchte ich es.

Die Mobril-Stimme ermahnte mich. Der Schocker heiße *Die Mumie 28. Baby Q* existiere »nirgends in der Stadt!«. Richtig wäre gewesen: *Bergschein-Club*. Nur mit *Superpartner sofort* hatte ich recht.

Ich entschuldigte mich beim Mobril-Service und erhielt eine Verwarnung. Bei drei Verwarnungen flog man aus dem Werbeprogramm und musste die vollen Mobril-Gebühren zahlen. Ich gelobte dem digitalen Ansager Besserung. Das Problem war vom Tisch. Vorerst.

Mit Jojo war es schwieriger. Ich hörte mir seine Vorwürfe an. Wie unzuverlässig ich sei. Welche Sorgen er sich gemacht hatte. »Wie kannst du für einen halben Tag unerreichbar sein?«

Ich lud ihn auf ein spätes Mittagessen in sein Lieblingsrestaurant ein (Morena, spanische Aroma-Küche, drittes Quartier). Er kriegte sich endlich wieder ein. Und er tat bei rot gefärbtem Wasser im Weinglas und Tapas-Ersatz das, was er in letzter Zeit ständig machte. Er schwärmte von Melli.

»Im Park heute hat sie mir erzählt, dass sie noch nie so verknallt war.«

»Jojo, sie war nicht mit dir im Park. Sie hat dir aus einer sehr, sehr fernen Stadt zugeschaut.«

Ich ertrug seine rosaroten Ausführungen nicht. Solange meine einzigen Bekanntschaften die Profile von *Superpartner sofort* waren, wollte ich nichts davon hören. Ich wollte über etwas anderes reden, und momentan beschäftigte mich nur ein Thema.

»Weißt du, was Buchagenten früher gemacht haben?«, fragte ich.

»Melli will mich morgen ihren Eltern vorstellen. Wir machen eine Mobril-Konferenz zum Abendessen.«

»Buchagenten haben früher Autoren betreut. Also quasi irgendwie Verlage für sie gesucht.«

»Das ist schon etwas Besonderes. Ihre Eltern kennenzulernen. Du weißt ja, wie streng die sind.«

»Und die Verlage haben das Buch dann gedruckt.«

»Obwohl wir beim Finanzcheck ein A plus erhalten haben ...«

»Und es gab echte Übersetzer. Also irgendwie haben die das wohl besser gemacht als die automatische Übersetzung.«

»… und der Gen-Eignungstest! Nur 0,3 Prozent Abweichung vom Normwert!«

»Proteste fanden an Real-Orten statt.«

»Meine Eltern kennen Melli ja schon. Sollen sie sich trotzdem morgen einschalten?«

»Heute sind die alle pleite oder tot. Also die Buchleute.«

»Egal wie das wird morgen. Ich bin total verknallt in Melli.«

Ich zahlte.

Wir gingen vom Morena direkt in die benachbarte Parkhalle. Wir zeigten der Polizei unsere Scan-AG-Ausweise und drückten den Finger auf das Drehkreuz. Ultranetz sponserte die Parks, und daher hatten wir Mitarbeiter jederzeit Zutritt. Aber nur zum Arbeiten. Eigentlich durften Erwachsene nur einen Tag im Monat in die Parkhalle, Kinder einen halben.

»Schaue mir das Grünzeug lieber über die Mobril an«, spottete mein Vater.

Und meine Mutter ließ sich abends die Aufnahmen live aus dem Park vom Animator ins Schlafzimmer projizieren. Eine feine Brise Kieferduft wehte dann aus dem Gerät.

Der Park selbst war trotz der strengen Einlassregeln total überfüllt. Tag und Nacht, egal in welcher der riesigen Themenhallen wir unseren Job erledigten. Um von einer zur anderen Seite zu gelangen, brauchten wir pro Gebiet eine gute Stunde.

»Bin für Sonne und Sand. Unter den Sonnenschirmen haben wir bis jetzt die meisten Leser gefunden«, sagte Jojo.

»Nee, ist mir zu heiß. Lass uns mal in den Wander-Wald gehen.«

»Da war ich heute zwei Stunden mit Melli.«

»Melli war nicht dabei, sie hat dir zugesehen. Kapier das doch endlich.«

Keine Reaktion.

»Dann nehmen wir die Seenlandschaft, okay?«

Jojo nickte.

Wir fuhren in einem Parkgleiter zu der Themenhalle. *Heute 18 bis 24 Uhr: Forellen-Angeln*, leuchtete am Eingang auf.

»Na, also. Da ist was los.« Jojo freute sich.

Wir spazierten am Ufer entlang und hielten nach Lesern Ausschau. Die untergehende Sonne sah wie das aus, was es war: eine Animation. Bei so großen Flächen wirkte selbst der Extra-Animator nicht überzeugend. Es störte uns aber nicht. Solange man die Halle noch nicht abdunkelte, konnte gelesen werden.

»In der C-Zone gibt es keine Parks«, dachte ich laut nach.

»Woher weißt du das?«

Ich sagte nichts. Jojo störte das nicht, er machte für mich weiter.

»In der C-Zone gibt es so gut wie kein Ultranetz. Stell dir das mal vor, da bist du total von der Außenwelt abgeschnitten.«

»Wie das?«, fragte ich.

»Auf Ultranetz gesehen! Die Kabel werden aus den Wänden gerissen, eingeschmolzen. Und das Metall als Rohstoff verkauft. Über Nacht verschwinden da manchmal die Leitungen eines kompletten Quartiers.«

»Aber die alten Leute tragen doch eine Mobril«, entgegnete ich.

»Selbst wenn, damit können sie in manchen Quartieren nichts machen. Außer im Umkreis von einigen Hundert Metern senden und empfangen.«

Das Leben in der C-Zone erschien mir immer trostloser. Keine Parkhalle, schlechter Mobril-Empfang, nur Nador bis zum Umfallen.

Jojo stellte sich vor mich hin und überkreuzte die Arme. »Du warst in der C-Zone und du hast Arne Bergmann getroffen. Stimmt's?«

Ich machte einen Schritt nach links und ging an ihm vorbei. Denn auf einer Bank am See sah ich das, worauf wir seit Tagen warteten. Einen Leser.

»Was wollen Sie für das Bündel Papier haben?«, fragte ich den alten Mann mit der grauen Weste.

Er blätterte in einem dünnen Büchlein und klappte es erschrocken zu. Ein gutes Zeichen, er hatte schwache Nerven. Ich setzte mich zu ihm und seiner Angelausrüstung. Die Rute steckte in einer Vorrichtung, die er an der Bank befestigt hatte.

Jojo baute sich vor uns auf. »Würde sagen, ich gebe Ihnen einen Zehner.«

Der Angler lächelte verlegen. »Das Buch ist unverkäuflich. Ein Erbstück.«

Letzteres glaubte ich ihm sofort, Ersteres nicht. Bis auf Arne hatten wir alle rumgekriegt.

Da Jojo öfter bei Nomos war, trug er immer das Bargeld bei sich. Ich war froh, dass ich nicht ständig auf die vielen Scheine aufpassen musste. Ich griff in Jojos Jackentasche, zog die 20 Hunderter heraus und verteilte sie auf dem Köder (Würmer und Heuschrecken aus Plastik).

»Das ist für das bisschen Papier«, sagte ich. »Für jedes weitere gedruckte Bündel erhalten Sie von uns 2500. Für jeden Namen eines Lesers, den Sie kennen und uns nennen, 1000.«

Ich zog die Uhr aus der Hosentasche, legte sie auf die Angelbox und sagte »Start«. Sie projizierte die Zahlen ein paar Meter vor uns über den See.

Jojo beugte sich vor den Angler. »Das ist unser letztes Angebot. Und es gilt exakt die nächsten zwei Minuten.«

Kurz war ich mir nicht sicher, ob unser Angebot reichen würde. Der Leser konnte sich immerhin eine teure Angelgenehmigung leisten. Auch wenn die Forellen nur aus ferngesteuertem Kunststoff bestanden, die man am Ausgang wieder abgeben musste.

Nach 15 Sekunden waren meine Bedenken beseitigt. Der Angler steckte wortlos die Scheine ein und überreichte mir das Buch.

»Mit Ihrer Hilfe wird das weltweite Ultranetz-Archiv noch umfassender. Vielen Dank«, sagte ich.

»Haben Sie zu Hause noch andere Bücher?«, fragte Jojo. »Kennen Sie einen Leser, den Sie uns nennen möchten?«

Der Angler setzte sich seine Mobril auf. »Mobril. Kontaktliste. Marco.« Noch bevor er uns Adresse und Name mitteilte, holte Jojo die zehn Hunderter für ihn heraus.

Jojo und ich feierten diesen tagelang ersehnten Erfolg in der Themengaststätte Fischkutter, ein paar Meter vom Ufer entfernt. Wir bekamen noch zwei Stehplätze an der Bar. Über uns hing ein Hai, der im Minutentakt die Farbe wechselte. Der Animator projizierte ein Korallenriff mit lila Fischen in den Raum. Wir hatten gerade 300 verdient. Für jeden 150. Miese Prämie, ich weiß. Aber immerhin.

Das Einzige, was wir uns leisten wollten, war die Fisch-suppe ohne Fisch, dafür versprach die Speisekarte einen *unverwechselbaren Lachs-Geschmack*. Jojo und ich wollten sparen. Wir wussten nicht, wie das die nächste Zeit mit so wenigen Lesern weitergehen sollte.

Ich dachte an Fischkutter-Ladungen mit frischen Lebens-mitteln, die ich mir mit dem Kopfgeld (500 000!) hätte kaufen können. Ich prostete Jojo mit dem Suppenteller zu und weichte im heißen Wasser hellen Brotersatz auf.

»Warst du nun in der C-Zone bei dem alten Sack oder nicht?«, fragte Jojo mit vollem Mund.

»Was soll der Blödsinn?«, sagte ich übertrieben laut.

»Hast heute ziemlich viel komisches Zeug von der C-Zone und so erzählt, da darf ich doch mal nachfragen.«

»Das wäre mein Ende als Buchagent. Nomos würde mich rauswerfen. Ich müsste dann Grundschulkindern in der B-Zone für einen Hungerlohn Mobril-Sprech aus-treiben.«

Es gab kaum einen schlechter bezahlten Job für Uni-Ab-solventen. Eine alte Studienkollegin musste zwei Lehrer-stellen annehmen, nur damit sie sich die A-Zonen-Miete leisten konnte.

»Schon gut«, sagte Jojo. »Mach mir halt Sorgen um dich. Okay?«

Jojo machte sich also Sorgen um mich. Auch das noch. Wenn er wüsste, mit wem ich meinen Vormittag verbracht hatte. Nicht nur mit Arne Bergmann. Sondern auch mit einer alten Buchagentin, einem erfolglosen Schriftsteller, meiner verschollenen Lieblingsprofessorin und wer weiß, wer noch alles in dem dunklen Loch gesessen hatte?

Als ich den lesenden Angler am See entdeckt hatte, hatte ich kurz ein ungutes Gefühl gehabt. Gehörte er zur Büchergilde? Wollten sie mich mit diesem Leser testen? Na, wenn schon, redete ich mir beim Suppenwasserlöffeln ein. Was war schon dabei? Schließlich hatte ich mich entschieden. Und zwar gegen Arne und seine Büchergilde. Ich würde sie nicht verraten. Wegen meiner Professorin. Das musste reichen.

Ich verstand immer noch nicht, was die von mir wollten. Und überhaupt, was sie vorhatten. Wenn die Scan AG mit dem Scannen aufgehört hätte, was wäre dann? Wenn alle Bücher nicht mehr kostenlos für jeden auf Ultranetz wären, na und? Es hatte doch sowieso kaum einer Geld, um sich gedruckte Fassungen zu leisten.

Da musste ich nur an mich denken. Mobril-Rechnungen, Abzahlungsraten für den Animator, die Ultranetz-Zusatzdienste, die Techmix-Kosten … Wenn noch was übrig blieb, reichte das für so ein fischiges Süppchen.

Überhaupt fand ich alles Textliche unheimlich langweilig. Ich hatte mir die gescannten Bücher, die auf Ultranetz zur Verfügung standen, noch nie angeschaut. Wenn ich die Wahl zwischen atemberaubendem Animator und schwarzweißem Buchstabensalat hatte, war das keine schwere Entscheidung.

»Wie heißt sie?«

Jojos Frage machte mir zwei Dinge klar. Erstens schwiegen wir uns seit einigen Minuten an der Bar unter dem leuchtenden Hai an. Zweitens neigte ich inzwischen auch zu Monologen. Zu Gedanken-Monologen. Die Büchergilde war ansteckend.

»Bist du verrückt? Wen meinst du?«, entgegnete ich.

»Bin dein bester Freund. Kenne dich. Wenn du nicht den alten Sack aus dem Metro-Gleiter getroffen hast, gibt es nur eine Erklärung für dein textintensives Verhalten.«

»Und die wäre?«, fragte ich.

»Du bist verliebt.«

Ich und verliebt. Das hätte mir gerade noch gefehlt. Aber Jojo brachte mich auf eine Idee. Ich verstrickte mich zwar immer mehr, aber was blieb mir übrig? Ich war sowieso schon zu tief drinnen.

»Vergiss es!« Ich musste ihn neugierig machen. Mehr von der eigentlichen Sache, der Wahrheit, ablenken.

»Ich zahl uns noch eine Portion Fischwasser«, sagte Jojo.

Ich konnte das Zeug nicht mehr sehen.

»Und ich kopiere dir alle Daten von 20 Premium-Freunden. Alles!«

Das interessierte mich überhaupt nicht. Aber ich druckste genug herum. Fast genug.

»Sagen wir 200!«, forderte ich.

»Unglaublich! Aber okay. Abgemacht.«

»Bist der Erste, der es erfährt«, sagte ich endlich.

»Also doch!«, rief Jojo.

»Psssst!«

»Was macht sie?«, flüsterte Jojo.

»Sie arbeitet als Pflegerin.«

»Wo?«

Ich musste mir schnell etwas einfallen lassen.

»Seniorenlager in der C-Zone. Mehr verrate ich nicht. Die Sache ist noch zu frisch.«

Jojo freute sich wie ein Schulkind kurz vor den großen Vier-Tages-Ferien. »Wusste ich's. Du warst in der C-Zone. Immerhin hattest du einen guten Grund!«

Er schlug mir auf die Schulter, der Löffel flog mir aus der Hand, und die Suppe spritzte breitflächig auf mein Hemd. Ich log ihn ab jetzt also an. Ich bekam ein schlechtes Gewissen. Aber ich strahlte weiter und wollte mit seinem Lieblingsthema ablenken. »Was ist mit Mellis Eltern und der Mobril-Konferenz? Wie hast du's geplant?«

»Überall E-Kerzen im Wohnzimmer!«, schwärmte Jojo.

»Was gibt's zum Essen?«

»Der Aroma-Lieferservice füllt den Teller auf.«

»Kameras für die Konferenz?«

»Alle vier. Für den öffentlichen Empfang alle gesperrt.«

»Das hast du noch nie!«

»Und Melli und ihre Eltern dürfen zoomen und machen, was sie wollen. So können sie mich von allen Seiten kennenlernen.«

Wir spazierten den See entlang zum Ausgang der Themenhalle. Der Hai leuchtete durch die Bullaugen des Fischkutters. Ein Vollmond spiegelte sich im dunklen Wasser. Das sah schon viel realistischer aus als der Sonnenuntergang. Kühle Luft blies von den Windkanälen auf uns hinab. Wir beeilten uns und stolperten über ein Paar. Die beiden hatten es sich unter einer Decke am Ufer bequem gemacht.

Im Metro-Gleiter fanden wir ein leeres Abteil, und ich packte das dünne Buch des Anglers aus. *Der alte Mann und das Meer.* Hemingway, den hatten wir schon Dutzende

74

Male. Was keine Rolle spielte. »Alles scannen!«, sagte Nomos. Und wir scannten alles.

»Mobril. Scannen. Start.«

Ich richtete auf jede Doppelseite eine Sekunde lang die Kamera. Und blätterte von der ersten bis zur letzten Seite. Danach erstellte ich ein kurzes Protokoll. »Mobril. Aufzeichnung. Buch hat Unterstreichungen auf Seite neun und Seite 58. Keine weiteren Besonderheiten.«

Ein Kollege der Scan AG arbeitete unsere Aufzeichnungen ein. Bevor er das Buch sofort mit unseren Anmerkungen auf Ultranetz stellte. Für die Eile gab es laut dem Anfangs-Seminar der Scan AG (*Basics für Buchagenten*) einen wichtigen Grund: »Das Buch muss so schnell wie möglich auf Ultranetz verfügbar sein. So wächst das weltweite Archiv täglich.«

Die Bücher mussten wir immer am Folgetag in Nomos' Büro abgeben. Keine Ahnung, warum. Aber wir mussten sowieso dorthin. Jojo und ich brauchten für die nächste Suche nach Lesern neues Bargeld. Davon hatte Ultranetz offensichtlich endlos viel. Unter uns Buchagenten gab es den dazu passenden Witz. »Was macht die Scan AG mit den vielen Büchern?« Die Antwort: »Das Papier wird zu Falschgeld verarbeitet.«

Ich hatte mich lange gefragt, was der Konzern mit dem ganzen Papier tatsächlich anstellte. Eine Antwort erhielt ich im Fortgeschrittenen-Seminar (*Hintergründe und Scan-AG-Altwissen*) von Nomos. »Der Konzern hat es anfangs den Schulen der Zonenverwaltung geschenkt. Das war noch zu Print-Zeiten. Und das war vor der Einführung des papierfreien Mobril-Unterrichts.«

»Und heute?«, fragte einer, der viel fragte und inzwischen in der C-Zone lebt.

»Wird es verheizt«, antwortete Nomos.

Jojo und ich erinnerten uns nicht an Print-Zeiten. Das war frühe Kindheit. Wir lernten als Schüler mit der Mobril Vokabeln, diktierten dem Gerät unsere Aufsätze und mathematischen Formeln. Jeder Schulpflichtige brauchte bald so eine Brille zur Einschulung.

»Ein Deal zwischen Zonenverwaltung und Ultranetz legte das fest«, erklärte Nomos im Seminar weiter. Er rieb sich dabei die Hände, und ich ahnte, wie viel Geld der Konzern damit verdient haben musste.

Richtig so! Dachte ich damals. Konzerne müssen Geld verdienen. Dazu sind sie doch da. Das habe ich sogar noch bei meinem Tech-Kurs ohne Mobril gelernt, mit der Computertastatur vor der Nase. Damit mussten wir eine Schulstunde pro Woche tippen. Mit der Tastatur!!! »Eine alte Kulturtechnik«, erklärte uns der Lehrer.

Hätte die Konzernleitung von Ultranetz nicht ständig so gute Ideen gehabt, hätten sie nicht so viele Mitarbeiter anstellen können. Und ich wäre längst ein C-Zonler wie der Vielfrager. Wir profitierten also von jeder genialen Neuentwicklung unseres Konzerns.

Hemingway war weggescannt. Ich schaute zufrieden das Buch an und überreichte es Jojo. »Bringst du es so spät noch zu Nomos?«

»Mach ich.«

Das Büro lag für ihn auf dem Weg. Bis zum festen Handschlag an der Tür des Metro-Gleiters hielt die Zufriedenheit an.

»Also, bis morgen früh«, sagte Jojo.

»Wieso? Wir wollen doch erst um zwölf die nächste Suche starten.«

»Morgen ist Gruppentreffen, schon vergessen?«

Jojos Hinweis brachte mich von null auf tausend. Klar. Morgen. Gruppentreffen. Wie jeden Monat. Das hatte mir gerade noch gefehlt. Ich stieg mit flauem Magen aus. Wie immer nach der Metro-Gleiterei. Dieses Mal lag es aber nicht nur an den vielen Kurven.

Jojo sauste noch drei Stationen weiter. Ich setzte die Mobril auf, wollte in meinem Kalender nach einer Ausrede suchen. So weit kam ich nicht. Meine Brille blinkte blau. Acht Uhr abends. Sie war gesperrt. Meine zweite Verwarnung. Ich musste noch die verpassten Werbespots des Abends anschauen. Ich lehnte mich an eine Mülltonne gleich neben der Haltestelle.

Mein Profil bei Ultranetz war um weitere Details reicher. Meinem Finger auf dem Park-Drehkreuz und dem Zahlungsempfänger im Fischkutter sei Dank. Ich war gespannt, welche Werbung Ultranetz für mich generierte.

»Sie lieben das Wasser und das Abenteuer? Water Man 17 – jetzt über Ultranetz für Ihren Animator.«

Zwei Sekunden schwarz.

»Vollmond am See? Du magst es romantisch! Lucy ist so jung wie du, und sie wohnt in deinem Quartier. Sie will dich kennenlernen. Sag ja, und treffe sie noch heute. Sag nein, wenn du es dir noch einmal überlegen willst und wir dich morgen erneut kontaktieren dürfen.«

DIE RADIKALEN

Nomos wollte mir nicht mehr aus dem Kopf. Ich sah ihn schon vor mir. Im grauen Anzug. Dem blauen Hemd. Der roten Krawatte. Den schwarzen Lederschuhen. Genau das trug er immer. Und die Mobril setzte er nie ab. Monatstreffen für Monatstreffen.

Das mit der Mobril war das Komischste überhaupt. Wir Buchagenten durften sie ja bei der Suche nie aufsetzen. Wir boykottierten unseren eigenen Konzern.

»Manche Leser hassen Mobrils«, sagte Nomos. »Mit so einem Gerät auf dem Kopf holt doch niemand vor euch sein Buch raus. Der Überraschungseffekt, der zählt!«

Natürlich war das eine totale Vereinfachung der Lage, eine Schwarz-Weiß-Animiererei. Es gab genauso wenig *den* Leser wie *den* Mobril-Nutzer. Das ahnten wir alle in solchen Seminaren. Aber gut, was sollten wir einfachen Buchagenten Nomos widersprechen.

Ich trug am Tag des Gruppentreffens blaue Jeans und ein schwarzes Hemd mit einem grauen Fleck unter der linken Brust. Was ich bis dahin nicht wusste (Fischsuppe ohne Fisch vom Vortag), weil es mir zu Hause nicht aufgefallen war. Und weil die Spiegelfläche in meinem Badezimmer einen Defekt hatte. *Bitte Techmix kontaktierten* blinkte immer auf. Mein Spiegelbild war deswegen verzerrt, und ich sah aus wie der fette Endgegner bei Water Man 17.

Noch zwei Stationen bis zu Nomos' Büro. Ich hatte keinen wichtigen Termin in meiner Mobril gefunden. Woher auch? Ich wollte mich krankmelden. Irgendein Virus war immer im Umlauf. Gefährlich und ansteckend. Ich hätte nur auf Ultranetz recherchieren müssen.

Aber Nomos hätte sicher Verdacht geschöpft. Keine Chance also. Ich musste zum Monatstreffen. Zu den anderen 20 Buchagenten unserer Gruppe. Zum schrecklich verknallten Jojo. Und – was das Schlimmste war – zu Nomos. Ich lenkte mich mit Häuserzählen ab. Sie schossen wie Raketen am Fenster des Metro-Gleiters vorbei.

Wenn Arne Bergmann recht hatte, wusste Nomos ohnehin schon alles. Und ich war nicht mehr als ein kleiner Plastikwurm am Angelhaken. Arne sollte mit seiner Büchergilde anbeißen. Nomos würde uns alle aus dem Wasser ziehen und erledigen. Oder war Arne der Angler, und Nomos sollte aus dem See gefischt werden? Egal wie es war, für mich änderte sich nichts. Ich blieb der Wurm.

Bei 432 hörte ich auf zu zählen.

»Mobril. Kontakt. Jojo«, sagte ich.

Jojo nahm den Kontakt nach zwei Sekunden entgegen. Ich sah den Vorraum zu Nomos' Büro und ein Dutzend Buchagenten mit ihren Mobrils auf dem Kopf.

»Hey, Rob! Nomos ist noch unterwegs. In 15 Minuten geht's los.«

»Du, hör mal. Ich finde, wir sollten die Sache mit Arne Bergmann nicht weiterverfolgen.«

»Was meinst du?«, fragte Jojo.

»Also nicht unbedingt … Also vielleicht …«

»Sprich dich aus«, forderte mich Jojo auf.

»Vielleicht müssen wir nicht unbedingt sagen, dass Bergmann nur mit mir gesprochen hat im Metro-Gleiter. Und dich ignoriert hat.«

»Machst du dir immer noch in die Hosen? Ich sag dir …«
Der Kontakt zu Jojo brach ab. Ton und Bild verschwanden. Alles war schwarz. Der Metro-Gleiter bremste ruckartig. Das war nichts Neues. Aber nun blieb er auf offener Strecke stehen. Ich sah nichts mehr. Wir mussten in einem Tunnel tief unter den Hochhäusern stecken. Im 5. Quartier. Ein paar hundert Meter vor der Station.

Ich hörte aus den anderen Abteilen und dem Korridor Schreie. Jemand rannte den dunklen Gang entlang und flog dabei auf den Boden. Eine rote Lampe über dem Fensterrahmen leuchtete schwach auf. Ich entdeckte die Notbeleuchtung zum ersten Mal. *Mzzzp.*

»Eine technische Störung liegt vor. Bitte bewahren Sie Ruhe«, erklärte eine Männerstimme sehr sanft.

Der Blick durch die Mobril machte alles noch dunkler. Ich nahm sie ab und sah die Frau, die mir gegenübersaß. Sie war nicht älter als ich. Sie hatte ihre Mobril offenbar vor mir abgesetzt. Sie lächelte so, als ob sie derartige Katastrophen täglich erleben würde. Sie hatte die Augenbrauen zu zwei hauchdünnen Linien gelasert. So wie wir es alle machten. Das sah in Kombination mit der Glatze ziemlich gut aus. Wir waren zu zweit im Abteil.

»Ähm, alles offline, glaube ich«, sagte ich und zeigte auf meine Mobril und auf die Notbeleuchtung.

Mehr fiel mir auf Anhieb nicht ein. Wie immer versagte ich in solchen Momenten. Ich musste an die Kontaktanzeige vom vergangenen Abend mit Lucy und dem See bei Vollmond denken. Nur ein Werbetext. Aber er hatte doch etwas für sich. Es gab einen entscheidenden Vorteil. Ich konnte nein sagen, und die Anzeige verschonte mich einen weiteren Tag.

Ich war viel zu schüchtern. Der Ausflug in die C-Zone zu Arne Bergmann und seiner Gilde war das Mutigste, was ich je getan hatte. Doch das nutzte mir jetzt auch nichts. Dort ging es um 500 000, hier ging es um Gefühle. Und davon hatte ich nun wirklich keine Ahnung.

Ich konnte mich nicht mal hinter meiner Mobril verstecken. Das hätte bei dem Energieausfall zu lächerlich ausgesehen. Keine Jojo-Gespräche. Keine Filmchen. Keine Mobril-Spiele. Kein Ultranetz. Nichts.

»Ist komisch, so ohne Mobril«, sagte sie.

Ich konnte nicht mehr als freundlich schauen und dämlich nicken. Und ich erinnerte mich wie immer in solchen Situationen an meinen 16. Geburtstag.

Mit Jojo hatte ich die Parkhalle (Themenbereich Schnee und Eis) besucht. Damals durfte man an seinem Geburtstag noch kostenlos mit fünf Real-Freunden die Halle besuchen. Ich hatte nur einen.

Wir fuhren Schlittschuh und Ski. Ich heftete mich die ganze Zeit an ein Mädchen, das mir am Eingang zugelächelt hatte. Bis zum Betriebsschluss blieb ich mit Jojo in ihrer Nähe. Ohne sie anzusprechen. Ohne Mut, etwas zu machen. Und so endete der Geburtstag ohne Mädchen.

Nachts betrat ich ziemlich frustriert mein Zimmer. Meine Eltern hatten die Wohnung damals neu gekauft. Techmix ortete meine Mobril in dem Raum. Und Techmix gehörte wie Mobril zu Ultranetz.

Techmix hatte von der Aromazelle bis zum Animator alles

im Haus ausgerüstet. Und wir hatten einen Werbevertrag mit Techmix abgeschlossen, so einen, wie ich mit der Mobril hatte. Jeden Tag generierte Techmix einen kurzen Spot für jedes Familienmitglied.

»Das richtige Make-up hält Sie jung« für meinen Vater.

»Spannende Aktienpakete für mutige Kleinanleger« für meine Mutter.

»Mit dem E-Roller weg von zu Hause!« für mich.

Einmal pro Woche mussten wir zu dritt für 15 Minuten eine Werbe-Animation sehen. Immer eine Koch-Show für die ganze Familie. Flo Master Bo nannte sich der Mann am grün blinkenden Kochlöffel.

Der Master zauberte mit echten Zutaten sehr leckere Sachen. Im Wohnzimmer duftete es nach Rinderbraten mit brauner Soße, nach Pizza Vegetaria, nach Vanillecreme mit Erdbeersoße.

»So könnte auch Ihr Essen schmecken«, sagte Flo Master Bo.

Wir erhielten von ihm höchstpersönlich ein günstiges Angebot für die Aroma-Spezial-Tabs.

»Einfach in die Aromazelle, 20 Sekunden warten und ...« Flo Master Bo machte eine dramatische Pause.

»... GENIESSEN!!!«

Der Master tauchte in dieser Nacht meines 16. Geburtstages nicht auf. Der Animator hatte für mich nach der Schnee-Party mit Jojo in der Parkhalle etwas anderes geplant. Er projizierte eine nackte Frau neben mein Bett. Sie sah so aus wie die Skifahrerin, die ich durch die Mobril den ganzen Tag angestarrt hatte. Der Animator verbreitete ein zuckersüßes Parfüm in meinem Raum.

»Herzlichen Glückwunsch zum 16. Geburtstag«, sagte die Nackte. »Endlich ist mit deiner Mobril alles möglich. Nach so einem kalten Tag im Schnee tut ein wenig Wärme gut. Willst du das, Rob? Setze die Mobril auf und sage ja!«

Ich war natürlich vorgewarnt. Jojo war drei Monate älter als ich, und er hatte zu seinem Geburtstag eine ähnliche Einladung bekommen. Außerdem hatten wir uns über Ultranetz schon alle möglichen Sexszenen angeschaut. Und überhaupt, derartige Mobril-Dienste kosteten ein Vermögen.

All das war mir vollkommen bewusst. Da stand aber diese umwerfend süße Frau in meinem Zimmer. Sie sprach mich mit meinem Namen an. Sie gratulierte mir zu meinem Geburtstag. Sie wusste, wie ich meinen Tag verbracht hatte. Und ich war 16. Und ich hatte wirklich überhaupt keine Erfahrung. Ich setzte die Mobril auf und flüsterte: »Ja.«

»Du bist schüchtern, kann das sein?«, sagte die Frau gegenüber im Metro-Gleiter.

Die Geburtstagsbilder lösten sich auf. Ich war wieder im dunkelrot beleuchteten Abteil. Energieausfall. Ich blickte zu meiner Nachbarin.

»Ehrlich gesagt, ja.«

»Gut zu wissen. Dann nehm ich das mal in die Hand.«

Die Frau hieß Fanni. Sie war ein Jahr älter als ich. Sie hatte eine Mobril-Rechnung im dreistelligen Bereich. Sie liebte die Parkhalle (Themenhalle Wüste und Steppe). Sie hatte Schuhgröße 38 und erriet meine auf Anhieb. Sie hörte alles an Musik und ließ sich am liebsten Naturfilme zum Einschlafen über ihr Bett projizieren. Ja, sie hatte schon mal Nador probiert (»totaler Kontrollverlust«). Nein, sie hatte keinen Freund.

»Der Letzte hatte mich nach dem Bekanntwerden seiner Vaterschaft verlassen«, erklärte sie.

»Du hast ein Kind?«

»Einen Sohn. Zwei Jahre alt.«

»Geht es ihm gut?«

»Du fragst die richtigen Fragen«, sagte sie und lächelte mich an.

»Was wären die falschen?«

»Das sind die über den Vater des Sohnes.«

Ich verstand und wollte mir das merken.

»Wir hatten keine Genehmigung für das Kind beantragt, keinen Finanzcheck gemacht, keinen Gen-Eignungstest«, sagte Fanni.

»Hast du Ärger mit der Zonenregierung bekommen?«, fragte ich.

»Und wie! Ich leiste gerade fünf Jahre Arbeitsdienst in der C-Zone ab.«

»Wo?«

»In einem Seniorenlager.«

»Pflegerin?«

»Pflegerin.«

Ich konnte es nicht fassen. Meine Jojo-Lüge hatte sich bewahrheitet. Nicht ganz, zugegeben. Wir waren nicht zusammen. Doch ich kannte nun eine echte Pflegerin aus der C-Zone.

Sie fragte mich aus, und ich begann tatsächlich zu erzählen. Wir ließen uns von den auf- und ablaufenden Leuten im Gang nicht ablenken. Ich erzählte von meinem Vater, von meiner Mutter, von Jojo.

»Ich arbeite als Buchagent ...«

»Lass uns nicht über Arbeit reden. Ich finde es toll, wie du von deinem Zuhause erzählst.«

»Auch wenn es eher traurige Geschichten sind?«

»Ich lebe in der C-Zone. Schon vergessen? Die Zone der traurigen Geschichten.«

Und so erzählte ich von Mikes Tod, dem Kollegen meines Vaters, seinem Suizid. Wie sich mein Vater danach verändert hatte. Und von den ständigen Streitereien meiner Eltern. Fanni und mir war die automatische Ansage mit der »technischen Störung«, die alle fünf Minuten aus den kleinen Boxen summte, egal.

»Hast du eine Freundin?«, fragte sie.

»Hab 650 beste Freunde mit Premium-Status.«

»Hast du eine Freundin?«, wiederholte sie.

»Davon sind 280 weiblich.«

»Hast du eine Freundin?«

»Und von den 8500 Freunden ohne Premium-Status ...«

»Also nein«, stellte Fanni fest.

Wir lachten, redeten weiter, und irgendwann kapierte ich in diesem Abteil, dass ich gar nicht so schüchtern war. Oder mit Fannis Worten: »Du brauchst nur ein wenig Zeit. Du machst schon dein Ding.« Ich wollte sie auf der Stelle dafür küssen. Traute mich natürlich nicht. Ob sie sich traute? Ob sie überhaupt wollte?

Das grelle Licht sprang an. Der Metro-Gleiter setzte sich wieder in Bewegung. Wie immer von null auf unglaublich schnell.

»Musst du wirklich zu deinem Meeting?«, fragte mich Fanni.

»Leider.« Wollte sie mich etwa gleich zu sich mitnehmen? Ich spürte mein Herz bis zum Hals pochen.

»Dann würde ich vorher das Hemd wechseln«, sagte Fanni. Ich sah den grauen Fleck auf meinem Hemd.

»Das ist Fischsuppe ohne Fisch von gestern.«

»Aha. Sieht trotzdem doof aus.«

»Ich könnte, also, wir könnten …«

»Nächste Haltestelle …«, unterbrach mich die Metro-Gleiter-Stimme.

Ich musste aussteigen. Die Mobrils ließen sich nicht mehr einschalten. Wir hatten keine Stifte oder andere antike Gegenstände dabei.

»Also, wir könnten vielleicht …«, setzte ich erneut an.

»Du findest mein Profil auf Ultranetz. Einfach Fanni-2-Fanni eingeben.«

»Fanni-2-Fanni«, wiederholte ich.

Ich lächelte so wie damals auf der Skipiste.

»Melde mich so schnell wie möglich«, sagte ich.

Jojo wartete vor dem Hochhaus der Scan AG. Nomos hatte das Treffen abgesagt. Bei Ultranetz war wegen des Energieausfalls das Chaos ausgebrochen. Riesige Datenmengen waren verschwunden und mussten wiederhergestellt werden.

»Hast du deinen Animator endlich abbezahlt?«, fragte Jojo.

»Nee, wieso?«

»Du strahlst, als hättest du fünf Leser gleichzeitig gefunden.«

»War bei Fanni.«

»Deiner Pflegerin?«

»Genau. Meiner Pflegerin.«

Jojo berichtete vom Chaos und dem Problem mit den Mobrils.

»Die alles entscheidende Frage für den Konzern ist: Fällt der Vorfall unter die Garantieleistung oder nicht?«

Ich sah Jojo fragend an.

»Wenn Garantiefall, kostete das unseren Konzern Unsummen. Wenn nein, verdient Ultranetz eine Menge Geld mit den anfallenden Reparaturen.«

Wir fuhren zu Jojo. Ich warf Kabel, Adapter und eine Kiste voller Prozessoren in eine Ecke und machte es mir auf Jojos Plastiksofa bequem. Er hielt den Finger an den Getränkeautomaten in der Küchenbox. Nichts passierte. Er bückte sich zur Kühlzelle, die sich nicht öffnen ließ. Fluchend suchte er in den Schränken nach einer Flasche Wasser und überreichte sie mir. Jojo hatte eine Theorie für den Crash.

»Das war ein gezielter E-Anschlag!«, sagte Jojo.

»Ein was?«

»Ein Elektro-Anschlag. Das ist technisch nicht so schwierig.«

»Willst du damit sagen: Sogar ich verstehe es?«

»Nein, so einfach ist es auch wieder nicht.«

Jojo verwendete viele komplizierte Fachwörter für seine Ausführungen. Fünf Sekunden später hatte ich sie allesamt wieder vergessen. Im Kern ging es um einen Anschlag, der alles Elektronische zerstörte.

Genau das machte Jojo fix und fertig. Seine Mobril war ebenso hin wie meine. Sein Animator, die Luftdüsen des Kleidungsreinigers, der Getränkeautomat, die Kühlzelle. Ich überlegte, wie es wohl bei mir zu Hause aussah. Doch kontaktieren konnte ich ohne Mobril niemanden.

Jojo bastelte eine Viertelstunde am Animator. Er wechselte irgendein Teil aus. Erst piepste das Gerät, warf verzerrte Bilder in den Raum, aber kurz darauf funktionierte es wieder ganz. *Mzzzp*. Eine Nachrichtensprecherin stand zwischen uns in Jojos Zimmer.

»... betrifft alle elektrischen Geräte im 5. Quartier«, sagte sie.

»Wieso ausgerechnet mein Quartier?«, jammerte Jojo.

Wir hörten der Moderatorin zu.

»Somit hat es auch die Metro-Gleiter-Energiestation und die Zentrale der Scan AG getroffen. Inzwischen erreichen erste Zuschauer aus anderen Quartieren den Ort. Was Sie jetzt sehen, ist live von deren Mobrils. Schalten Sie bitte auf öffentlichen Empfang, wenn Sie auch dort sind.«

Auf einer der achtspurigen Straßen des Quartiers leuchteten Dutzende Blaulichter. Sirenen heulten aus den Boxen des Animators durch Jojos Zimmer.

Schnitt.

Zusammengestoßene Fahrzeuge qualmten. Aus dem Animator strömte Rauch und Wärme.

Schnitt.

Mitarbeiter der Gesundheitsbehörde in ihren blauen Uniformen trugen Verletzte in ein Krankenhaus. In Jojos Zimmer roch es kurz nach Äther.

Schnitt.

Eine scheinbar nicht enden wollende Warteschlange vor einem der vielen Mobril-Geschäfte.

Schnitt.

Eine Gruppe von etwa 20 Frauen und Männern vor dem Quartierssitz der Zonenverwaltung. Die Leute saßen mit bunten Kostümen im Schneidersitz im Kreis. Eine Frau mit einem langen, gelben Kleid kniete in der Mitte. Sie warf Kopf und Oberkörper zu Boden. Auf und ab, immer wieder.

Die haben gerade noch gefehlt, dachte ich. Eine der Anti-Techs, der Natursekten, die in jeder Ultranetz-Störung ein Zeichen Gottes sahen.

Die Nachrichtensprecherin stand wieder vor uns. Mit noch ernsterer Miene. »Nach dem aktuellen Stand müssen wir davon ausgehen, dass es sich um einen terroristischen Anschlag gehandelt hat. Nach Informationen unserer Redaktion verursachte eine Elektrobombe das Chaos.«

Jojo schrie auf. »Was hab ich gesagt? Waaaaaaas? Genau das war es. So eine E-Bombe zerhaut dir die Elektronik im Umkreis von ein paar Kilometern. Sogar die Polizei kann dann ihre E-Pistolen wegwerfen.«

Bevor er mich mit technischen Details quälen konnte, setzte die Sprecherin ihre Ansage fort. »Unsere Redaktion erreichte vor ein paar Minuten eine Bekenner-Animation. Wir werden diese Animation gleich übertragen, weisen Sie jedoch darauf hin, dass sie für Kinder und Jugendliche nicht geeignet ist. Bitte bestätigen Sie uns Ihre Volljährigkeit.«

Jojo sprang auf, machte zwei große Schritte zum Animator und drückte einen Finger auf die Konsole.

Ich traute meinen Augen nicht. Ein riesiges verstaubtes Buch schwebte im Raum. Ich erkannte die Animation sofort. Die alte Hand, die darin blätterte. Kurz dachte ich sogar, mein Bild würde gleich auf der Doppelseite im Buch auftauchen und brennen. Doch dieses Mal war nicht ich das Opfer, sondern Ansgar Meilner, der Konzernvorsitzende von Ultranetz.

Ich wusste, wie die Animation weitergehen würde. Als die Buchränder glühten und Feuer fingen, schloss ich die Augen. Spürte aber die Hitze im Raum, hörte Ansgar Meilners schmerzhafte Schreie und hielt mir die Ohren zu.

Das durfte doch alles nicht wahr sein! Das war unmöglich. Erst dieser Anschlag und nun die Animation. Und ich kannte den Absender! Ich kannte die Personen, die hinter dem Anschlag steckten. Ich hatte mit den Terroristen ahnungslos in einem dunklen Geheimkeller gesessen. Sie machten einen auf Weltretter und wollten mich aufklären. Von wegen Seniorenclub! Das waren eiskalte Terroristen.

Jojo warf mir einen Meter zusammengerolltes Kabel ins Gesicht. Ich öffnete wieder die Augen und sah die leeren Regale, die der Animator überall in Jojos Zimmer projizierte. Die rauchige Männerstimme war die gleiche wie damals. Nun verursachte sie eine Gänsehaut auf meinem Rücken. »Wer Bücher scannt, löscht deine Vergangenheit und deine Zukunft.« Eine weiße Feder leuchtete im Raum auf, ich sah die aufgedruckten Buchstaben: *B* und *G*.

»Büchergilde«, sagte ich leise.

Die Nachrichtensprecherin interviewte einen Mitarbeiter der Scan AG. Er war wegen einer anderen Sendung ganz zufällig in Studionähe. Jojo ließ im Schnelllauf die ersten

160 der 5400 Programme projizieren. Überall lief das gleiche Interview, alle übertrugen die Sondersendung.

Der Mann aus unserem Konzern trug wie Nomos einen grauen Anzug und ein blaues Hemd mit roter Krawatte.

»Ich habe soeben mit der Konzernleitung gesprochen. Alle Daten auf Ultranetz sind wiederhergestellt«, sagte er.

Die defekten Mobrils könnten kostenlos zur Reparatur gegeben werden. »Nur eine Vertragsverlängerung von sechs Jahren ist dazu notwendig«, erklärte er.

Eine großzügige und schnelle Entscheidung, fand ich. Von wegen Konzerne wollen immer nur Geld verdienen.

Der Mann im grauen Anzug war noch nicht fertig. Er blickte uns direkt an. Mit Jojos Animator sah das so aus, als würde er unmittelbar vor mir stehen und mir persönlich drohen.

»Ultranetz wird alles tun, damit die Zonenregierung die Drahtzieher der Anschläge so schnell wie möglich ihrer gerechten Strafe zuführt. In diesem Augenblick beraten Mitarbeiter unserer Elite-Abteilung die Regierung. Das Gute wird über das Böse siegen.«

Jojo schwärmte noch den ganzen Tag von diesen markigen Sätzen.

»Die Sicherheits-Scanner werden es den Terroristen zeigen!«, sagte er.

»Wir machen sie fertig!«

Und immer wieder wiederholte er: »Das Gute wird über das Böse siegen!«

Jojo war jetzt richtig stolz darauf, ein Mitarbeiter von Ultranetz zu sein. Ich auch. Irgendwie. Aber ich war auch ziemlich verwirrt. Kurz, wirklich nur ganz kurz hatte ich ein klein wenig Interesse an Arne Bergmann und seiner Büchergilde gehabt. Irgendetwas Wahres musste doch dran sein an dem, was meine alte Professorin gesagt hatte. In den Univorlesungen hatte sie mich schließlich oft auf neue Ideen gebracht.

»Es gibt nicht nur den Blick nach links und nach rechts. Du musst schielen lernen«, hatte sie mir mal nach einer Altwissen-Stunde über das Zeitalter der Finanzkrisen gesagt. Der Anschlag mit der E-Bombe änderte meine Meinung allerdings grundlegend. Damit waren meine Professorin und ihre Organisation eindeutig zu weit gegangen!

Unsere Wohnung im achten Quartier blieb von der E-Bombe zum Glück verschont. Nur meine Mobril musste ich noch updaten lassen. Sie hatte es ja im fünften Quartier erwischt.

Bei dem Mobril-Laden um die Ecke verlängerte ich mit einem Fingerdruck meinen Vertrag und erhielt ein winziges Ersatzteil. Die Verkäuferin strahlte mich mit ihrem Ich-hab-ein-super-Angebot-für-dich-Lächeln an.

»Ab jetzt kannst du mit der Mobril auch zahlen!«, sagte sie. Ich schaute vermutlich etwas verwundert. Was sollte das für ein Vorteil sein? Ich hatte meine Finger ja auch immer dabei. Praktischer ging es nicht. Dachte ich. Und irrte mich natürlich.

»Keine umständliche Zahlung mehr mit dem Finger!«, erklärte sie.

»Aber ...«

»Die Mobril erkennt dein Auge, und das reicht ab jetzt!« Ich nickte nachdenklich.

»Doch ...«

»Und viel hygienischer.«

»Vielleicht denke ich erst noch einmal ...«

»Nie wieder fremde Zahlungsempfänger berühren!«

»Ist das nicht gefährlich für das Aug...«

»Keine Viren einfangen!«

»Schon, aber ...«

»Gesund bleiben!«

Wer wollte das nicht? Nur drei Prozent der Umsätze verlangte Ultranetz für den neuen Service als Gebühr.

»Das ist dir deine Gesundheit doch wert, oder?«

»Klar!«, antwortete ich.

Ich hatte den Laden schon verlassen, als mir die Verkäuferin auf der Straße nachlief.

»Rob!«

Ich drehte mich um.

»Und was ist mit der Gesundheit deiner Eltern?«

»Ich sag ihnen gleich Bescheid.«

»Sie könnten unverbindlich ein Jahr lang testen!«

»Bin gleich zu Hause ...«

Ich verschwand hinter einem Eckhaus und beeilte mich. *Mzzzp.* Meine Mobril leuchtete auf, und die Verkäuferin sprach mit mir.

»Du kannst das Testangebot jetzt gleich an deine ganze Freundeliste senden. Und du darfst ihnen ausdrücklich das tolle Ultranetz-Angebot empfehlen.«

»Nein!«, sagte ich. Doch mein Auge war schneller.

»Deine 8500 Freunde und 650 beste Freunde mit Premium-Status haben dein super Testangebot von Ultranetz erhalten!«, sagte die Verkäuferin.

Ich konnte nicht schlafen und schaute die Sondersendung an. Sie lief noch immer auf allen Kanälen. Der Animator projizierte eine langweilige Live-Übertragung von der nächtlichen Eil-Sitzung der Zonenverwaltung. Ich setzte die Mobril auf und schaute mir eine alte Ausgabe meiner Lieblings-Quizshow an: *Wer wird A-Zonler?* Der schlanke Moderator mit dem gestreiften Anzug fragte in der Kategorie *wichtiges Allgemeinwissen* ein Dutzend B- und C-Zonler ab.

»In welcher Folge von *Verliebt in Jonas* heiratet Jana den Arbeitskollegen von Steves bestem Freund?« Die vorgegebenen Antworten waren: »A: 350. Folge«, »B: 870. Folge« oder »C: 1200. Folge«. Ich tippte auf »C« und lag falsch.

Die Fragerunde in meiner Mobril war vorbei und die Sondersitzung zu Ende. Der Parlamentssaal löste sich in meinem Zimmer auf. Die Sprecherin der Zonenregierung trat vor mich und strahlte. Sie roch nach einem blumigen, aber dezenten Parfum.

Ich erkannte sie und den Duft sofort wieder. Sie hatte vor zwei Jahren noch als Kommunikations-Chefin bei der Scan AG gearbeitet. Wir waren einmal im Lift nebeneinandergestanden, in der Zentrale. Ich hatte unsere gemeinsame Fahrt von der 8. in die 14. Etage gefilmt. Brachte kein Wort heraus. Jojo und ich schauten uns die Fahrt später immer wieder an. Einfach nur, weil es so gut roch.

»Die Polizei darf ab sofort auf alle Mobril-Kontakte zugreifen. Die Zonenregierung hat den Ausnahmezustand ausgerufen. Die kompletten Ultranetzdaten stehen den Ermittlern zur Verfügung«, sagte die Sprecherin. »Der Ultranetz-Konzern stimmte einer uneingeschränkten Kooperation zu.«

Ich wunderte mich nicht.

»SAIV, die Elite-Abteilung des Konzerns, wird der Polizei bei der Suche helfen«, sagte sie. Und sie endete mit einem inzwischen auf Ultranetz millionenfach kommentierten Satz. »Das Gute wird über das Böse siegen!«

Wieso hatte ich nicht längst den Sicherheits-Scannern von meinem Treffen mit Arne erzählt? Vielleicht hätte ich den Anschlag ja verhindern können, wenn ich sie gleich informiert hätte. Aber wenn ich jetzt alles meldete, würde ich dann selbst im Gefängnis landen?

Mein Vater stand nach der Sondersendung vor meiner Tür. Und brachte mich auf andere Gedanken.

»Hast heute von einem Printkurier einen Briefumschlag bekommen«, sagte er.

Mein Vater hatte frei, fiel mir erst jetzt ein. Aber wir waren uns, seitdem ich zu Hause war, noch nicht begegnet. *Briefumschlag* klang wie ein Wort aus dem Altwissenunterricht. Ich hatte noch nie in meinem Leben Printpost bekommen. Ich ließ mich rückwärts aufs Bett fallen und riss den Umschlag auf. Dabei teilte ich den Brief entzwei. Um ihn zu lesen, musste ich beide Hälften wieder zusammenhalten.

»Umständlicher Papierkram«, fluchte ich und las.

Lieber Rob, hast du mich schon vergessen? Wir haben uns heute im Metro-Gleiter getroffen.

Ich war wieder hellwach. Bekam fast einen Herzinfarkt. Wie hatte ich Superidiot Fanni vergessen können? Ich wollte sie doch über Ultranetz kontaktieren. Fanni-2-Fanni. Das hatte ich bei dem Chaos nach dem Anschlag total verpennt. Und jetzt schrieb sie mir. Sie hatte an mich gedacht.

Ich sprang auf und tanzte mit dem Animator im Arm durch den Raum, so weit das Kabel reichte. Das Gerät war warm, und ich stellte mir für einen Augenblick vor, es wäre Fanni. Dann schossen zwei Fragen durch meinen Kopf und beendeten unseren Tanz. Woher hatte sie meine Adresse? Und wieso diese verstaubte Kommunikationsform? Ich hob die Papierfetzen auf und drehte sie um. Die Zeilen auf der Rückseite erklärten alles und zugleich gar nichts. Sie brachten mich zurück auf den Boden der Tatsachen.

Morgen, 8 Uhr, Sunshine Café, kennst du ja bereits von Arne. Freue mich auf dich! Fanni

DIE ABRECHNUNG

Ich war ziemlich enttäuscht von Arne Bergmann und seiner Büchergilde. Wie konnten die so etwas machen? Dieser Anschlag! All die Zerstörung und die Verletzten! Das machte mich wütend, richtig wütend. Ich brauchte noch ein letztes Treffen mit der Büchergilde. Wenn möglich, nicht bei so einem Außenposten, sondern in der Basis.

Ich musste meine alte Lehrmeisterin und Fanni da rausholen. Beide hatten sich verrannt. Die Büchergilde war eine Sekte, und die Mitglieder schlossen sich blind allen Taten an. Und Arne Bergmann war ihr Guru.

Mein ziemlich riskanter und neuer Plan: Die Professorin und Fanni warnen. Alles, was ich über Arne Bergmann und seine Terrorgruppe wusste, den Sicherheits-Scannern mitteilen. Vertuschen, dass ich schon einmal bei Arne war. Hoffen, dass keiner die Wahrheit kannte. Und endlich die 500 000 kassieren.

Zunächst lief es wie immer. Damit meine ich, wie es nun mal so lief, seitdem mir Arne Bergmann im Metro-Gleiter begegnet war. Ich hatte mich ein paar hundert Mal in der Nacht hin und her gewälzt. Eine halbe Stunde bevor mich die Mobril mit sanften Elektrostößen weckte, war ich eingeschlafen. Auf dem Weg zu Fanni sah ich so aus, wie ich mich fühlte nach so einer Nacht.

Ich wunderte mich nicht, als mir im Café die alte Dame drei Schokoladentorten überreichte.

»Einmal mit Kirsche, zweimal mit Karamell. Ohne Aroma. Bitte schön«, sagte sie.

Ich wunderte mich nicht über den roten Lockenkopf, der mich vor dem Café erwartete. Er lehnte sich an sein Motorrad. Ich drückte ihm die Mobril in die Hand.

»Bekommst sie ja bald wieder«, sagte er, grinste mich an und stieg auf.

Ich wunderte mich nicht, als der alte Taxifahrer im Halteverbot parkte.

»Einsteigen, Rob! Wir haben's eilig.«

Ich wunderte mich über nichts mehr. Und ohne mich über etwas zu wundern, saß ich auf dem Beifahrersitz. Ich schaute aus dem Fenster.

»Fahren wir wieder ein paar Stunden im Kreis, bevor Sie mich im Baby Q absetzen?«, fragte ich. »Bin total pleite, Sie sollten 'ne Abkürzung nehmen.«

Er drehte sich auf dem Lenkrad eine Zigarette. Befeuchtete das dünne Papier mit den Lippen. Bis zum Beifahrersitz roch es nach Nador.

»Baby Q war vorgestern. Arne will dich woanders haben«, sagte der Taxifahrer.

Er gehörte also zur Büchergilde. Und er hatte mich bei der ersten Fahrt nur zum Narren gehalten. Fast gewöhnte ich mich schon daran. Alle hielten mich zum Narren.

Baby Q war sicher nur eine von vielen Adressen der Organisation. Ich wollte endlich in die Basis vordringen. Nach einer Stunde Irrfahrt hielt der Taxifahrer vor einem Autolift an einer vierstöckigen Kreuzung.

Zwei Minuten Wartephase. Bitte Geduld. Lift kommt, blinkte es rot auf unserer Frontscheibe.

»Okay, das war's. Die Fahrt geht aufs Haus«, sagte der Taxifahrer.

»Die letzte Fahrt war ja auch teuer genug!« Zu bedanken brauchte ich mich nicht.

»Schau mal auf deinem Konto nach«, sagte er. »Wurde nichts abgebucht das letzte Mal. Weder das Sunshine Café noch ich. Sollst nicht überall eine Spur mit deinem Finger hinterlassen.«

»Zahle ab jetzt sowieso …«

»… mit dem Auge. Weiß ich. Spur bleibt Spur.«

Tja, wo er recht hatte …

»Siehst du da drüben die Rikscha?«, fragte er mich.

»Die was?«

»Den Dreisitzer! Die Fahrerin gehört nicht zu uns. Sag ihr, du willst zum Seniorenlager Ost-Hafen.«

Er überreichte mir einen Zehner, und ich stieg aus.

»Zahl in bar, okay?«

»Okay, aber …«

Die Frontscheibe leuchtete grün. Er sauste in den Lift. Ich blieb am Straßenrand zurück.

Ich habe noch nie in einer Rikscha gesessen. In der A- und B-Zone waren die motorisierten, dreirädrigen Dreisitzer nicht zugelassen. Die aus Metallschrott zusammengeflickte Kiste hatte ein Dach im hinteren Teil. Die Fahrerin saß im Freien und rief mir »festhalten« zu. Wäre nicht nötig gewesen. Ich umschloss die rostigen Stangen vor mir bereits fest mit den Händen und ließ mich von links nach rechts schleudern.

Wir bogen von der Hauptstraße sofort in ein Labyrinth kleiner Gassen. Wir rasten durch hohe Betonschluchten, in denen die Fahrerin ihre Finger weder vom Gasgriff noch von der Hupe nahm. Die Rikscha war maßgerecht für die schmalen Wege gebaut.

Tief in den grauen Mauern waren höhlenartige, kleine Geschäfte. Ich sah Bars, Apotheken, Supermärkte und wunderte mich, wie weit man mit so einer Rikscha für einen Zehner kommen konnte.

Die Fahrerin machte eine Vollbremsung. Ich rammte mit meinem Kopf in ihren Rücken und entschuldigte mich. Ein Rentner in zerlumpten Kleidern stand mit zwei Kannen unter dem Arm am Straßenrand.

»Tee oder Kaffee?«, fragte mich die Fahrerin.

Sie reichte mir einen Plastikbecher und drückte einen Finger auf den mobilen Zahlungsempfänger. Er hing über der löchrigen Weste des Verkäufers. Sie beschleunigte ohne Vorwarnung, und das dunkle, heiße Wasser schwappte über mein Hemd. Ich schrie auf vor Schmerz.

Wir fuhren an einem Mobril-Laden vorbei, und ich dachte an Jojo. An diesem Vormittag hatte ich ihn nicht anlügen müssen. Er hatte mich noch in der Nacht kontaktiert und wollte unsere Verabredung für die tägliche Lesersuche auf den Nachmittag verschieben.

»Stress mit Melli«, sagte er und leitete mir einen Link zur Mobril-Sequenz ihres Streits weiter. Er nannte es »Jojos Beziehungskrise – TIPPS GEFRAGT!« und hoffte auf kluge Teilnehmer-Kommentare.

»Der Finanzcheck fiel negativ aus!«, hörte ich Melli sagen.

»Der war positiv! Super positiv! A plus«, antwortete Jojo.

»Meine Eltern haben nach dem Anschlag einen neuen durchgeführt. Du bist auf A minus. Tendenz sinkend.«

»Ultranetz packt das! Der Anschlag gefährdet weder den Konzern noch meinen Job. Das Gute wird über das Böse siegen!«

»Den Text hast du kopiert! Lief auf allen Kanälen. Schon vergessen?«

»Und nun?«

»Mir ist der Finanzcheck egal. Aber meine Eltern wollen auf Nummer sicher gehen.«

»Also vorerst keine gemeinsame Mobril-Konferenz mit ihnen?«

»Ja.«

»Gehen wir heute trotzdem in den Park?«, fragte Jojo.

Fünf Sekunden Pause.

»Ja.«

»Hab dich lieb!«

»Ich weiß«, sagte Melli.

Die Beziehungskrise hatte schon 43 438 Zuschauer. Die Kategorie *Herz & Schmerz* war eine der beliebtesten. Jojo schaffte es mit dieser Zuschauerzahl, dass ich nun auch auf seine Beziehungskrise neidisch war.

So viele hatten sich noch nie irgendeine Sekunde aus meinem Leben angeschaut. Selbst meinen Unfall nicht. Unser Nachbar hatte mich vor zwei Jahren mit seinem neuen E-Roller angefahren. Die Sequenz des Aufpralls interessierte nur 450 Leute. Meine OP schauten sich immerhin 2320 an. Aber das war die Mobril meines Arztes.

Für den Vormittag hatten Jojo und Melli jedenfalls ein Krisengespräch anberaumt. Im Anschluss wollten sie sich zusammen einen Animator-Film anschauen. Jeder in seiner

Wohnung – aber immerhin zeitgleich. Quasi die geplante Aktion zur Versöhnung.

Kurzum: Jojo war beschäftigt, und ich konnte mich in aller Ruhe in der Rikscha durch diesen Irrgarten schaukeln lassen.

Mit nassem Hemd und den drei durchgeschüttelten Schokoladentorten stand ich vor dem Seniorenlager Ost-Hafen.

Der Name täuschte. Es handelte sich nicht um eine Altenunterkunft, sondern um ein kleines Café. Plastikmüll brannte in einem verglasten Ofen. Sessel aus einem anderen Jahrhundert standen kreisförmig im Raum. Auf einem schlief ein Mitte 40-Jähriger, vermutlich die Bedienung. Sonst war kein Mensch da.

Angebot des Tages: Kuchen mit Zitronenaroma stand auf einer Tafel, an der eine Schnur mit Kreide hing. Wie ich das Wort Aroma hasste. Steak-Aroma statt Steak. Pizza-Aroma statt Pizza. Tomatensalat-Aroma statt Tomatensalat. Das Essen war immer die gleiche Pampe, die mit Aroma und viel Phantasie so schmecken sollte wie das Original.

Alles ohne Aroma kostete ein kleines Vermögen – wie die Schokoladentorten im Sunshine Café. Zumindest blieb mir diese Abbuchung laut Taxifahrer erspart.

Ich wischte mit dem nassen Hemdsärmel das *Angebot des Tages* vom Seniorenlager Ost-Hafen weg. Zum ersten Mal in meinem Leben benutzte ich Kreide. Handschrift hatte ich in Altwissen erlernt.

Meine alte Professorin hatte darauf bestanden und von einer *wichtigen Erfahrung* gesprochen. Wir hatten gegrinst, ihr aber die Freude gemacht. Und fleißig mitgekritzelt.

Wir übten mit Kugelschreibern und einmal mit Bleistift. Aber nie mit so antiquiertem Material wie Kreide.

So erfuhr ich erst im Seniorenlager Ost-Hafen eine wichtige Sache. Mit Kreide lässt sich auf nassem Untergrund nicht besonders gut schreiben. *Heute Schokoladentorten*, schrieb ich, *mit Kirsche und Karamell. Ohne Aroma!!!*

Ich packte die zerdrückten Torten aus und stellte sie auf den kleinen Tisch vor der Bedienung. Inzwischen schnarchte der Kellner. Ich folgte der Beschilderung zu dem Ort, an dem ich Fanni vermutete.

Eine Luke an der Decke öffnete sich. Ich stellte mich auf den Klodeckel und erreichte die ersten Sprossen einer Leiter. Oben angekommen, streckte mir ein alter Mann mit kurzen grauen Haaren und Vollbart seine Hand entgegen.

»Ich heiße Thomas. Wir hatten letztes Mal schon das Vergnügen«, sagte er.

Er konnte damit nur den Keller neben dem Baby Q meinen. Die Monolog-Stunde. Den Unterricht. Die Propaganda-Runde. Also ist es der Schriftsteller, dachte ich. Er vertraute mir offenbar. Er zeigte sich mir zumindest. Sehr unangenehm. Ich wollte schließlich nicht den Mitgliedsausweis der Büchergilde abholen.

Wir liefen einen langen Korridor entlang. Er zweigte mehrfach ab. Wir durchschritten immer wieder Metalltüren. Mir schien, als würden wir weit hinter den Außenmauern von Häuserblock zu Häuserblock wandern. Unser schmaler Weg hatte ein leichtes Gefälle. Wir versanken irgendwo im Innersten der C-Zone.

Thomas schritt mit einer Taschenlampe voraus. Wir blieben vor einer Tür stehen, für die der Schriftsteller keinen Schlüssel hatte. Und per Fingerabdruck funktionierte das rostige Altmetall bestimmt nicht.

Thomas drückte mehrmals auf einen Schalter unter dem Griff. Es klingelte. Laaaaaang – kurz – kurz – kurz. Er machte eine Pause. Und setzte mit Laaaaaang – laaaaaang – kurz fort. Wie bei den alten Agentenfilmen, die auf dem Klassik-Kanal liefen.

Die Tür öffnete sich. Wir traten in einen fensterlosen Raum mit einem schweren Holztisch in der Mitte und zwei langen Bänken an den Seiten.

»Willkommen! Das war früher das Lager«, sagte Thomas.

»Und was lagerte man hier?«, fragte ich.

Wahrscheinlich die Technik, die Arne Bergmanns Organisation für den E-Anschlag benötigt hatte, dachte ich.

»Das wirst du bald erfahren.«

Wie ich dieses Das-wirst-du-bald-erfahren-Getue hasste.

Thomas brachte mir eine Tasse heißes Wasser und löste eine Kaffee-Tablette darin auf. Ich nippte und sah ihn fragend an.

»Entkoffeiniert«, sagte er.

»Ist Arne Bergmann da?«, fragte ich.

»Wir haben auch Espresso.«

Ich senkte den Kopf und atmete tief ein. Die spielten Theater mit mir. Eindeutig. Oder sie stellten meine Nerven auf die Probe.

Arne trat endlich in den Raum. Er wollte mich umarmen, und ich trat einen Schritt zurück.

»Ich will nicht bei deiner Organisation mitmachen. Will

nichts mit euch Terroristen zu tun haben. Das mit dem E-Anschlag ...«

»... waren nicht wir«, unterbrach mich Arne.

»Was?«

»Ich hab dir doch gesagt, du sollst mehr Gehirn und weniger Mobril benutzen.«

»Versteh kein Wort.«

»Ultranetz hat das alles von langer Hand geplant.«

»Schon klar.«

»Die Bekenneranimation mit dem brennenden Konzernvorsitzenden, hast du die gesehen?«

»Jeder hat die nach dem Anschlag gesehen!«

»Die Animation ist nicht von uns. Sie ist von Ultranetz. Und dein Konzern hat auch den Anschlag verübt.«

»Du bist verrückt.« Ich machte eine Pause. »Ihr seid alle verrückt.«

»Das Leben ist verrückt«, sagte Arne.

Ich schwieg.

»Ultranetz will sein großes Ziel erreichen. Dazu benötigt der Konzern einen starken Gegner«, sagte Arne.

Ich verstand immer weniger. Ultranetz veröffentlichte eine Drohbotschaft mit dem eigenen Chef als Opfer? Und behauptete, sie sei von der Büchergilde? Und noch besser: Der Konzern sollte eine E-Bombe gezündet und die eigene Technik zerstört haben? Ich war ein Gegner von abstrusen Verschwörungstheorien. Und somit ein Gegner von Arne Bergmanns Gruppe.

»Und welches Ziel sollte Ultranetz damit verfolgen?«, fragte ich.

»Mehr Wissen, mehr Kontrolle, mehr Macht.«

Das war mir zu plakativ. Okay, die Zonenverwaltung hatte die Rechtslage nach dem Anschlag etwas aufgeweicht. Aber doch nur, um die Täter zu fassen. Was hatte Ultranetz davon? Meinte Arne etwa, die würden alle unter einer Decke stecken? Und meine arme Professorin und Fanni-2-Fanni glaubten diesem Bücherwurm und seinen abstrusen Behauptungen auch noch.

Arne ließ nicht locker.

»Die Regierung sucht uns und will uns verhaften. Wieso?«

»Weil ihr Terroristen seid und den Anschlag verübt habt!«, sagte ich.

»Da hast du die Nachrichten fleißig auswendig gelernt.«

Zum ersten Mal klang Arne sauer.

»Wieso sonst?«, fragte ich.

»Ultranetz hat sein Ziel erreicht, wenn wir Kritiker hinter Gittern schweigen müssen. Der Konzern hat dann freie Hand. Keiner deckt mehr die Missstände auf.«

Thomas sagte kein Wort. Er stopfte sich eine Pfeife, die keine Info-Anzeige hatte, was mich wunderte. Er trank meinen Kaffee aus und hörte uns zu. Arne kam einen Schritt näher. Sein Gesicht war nur ein paar Zentimeter von mir entfernt.

»Vertraue uns.«

»Wieso sollte ich?«

»Vertraue Fanni!«

»Sehr lustig. Wieso hast du sie überhaupt auf mich angesetzt? Sollte sie mich als Mitglied deiner Sekte gewinnen?«

Ich wollte nicht so über Fanni sprechen. Ich hatte in der viel zu kurzen Nacht einen Traum gehabt. Wir waren ein

Paar. Hatten unsere eigene Wohnbox in der A-Zone. Lagen am Sandstrand in der Parkhalle.

Dann packte sie ein Buch aus.

»Liest du mir was vor?«, fragte sie.

»Bekommst danach auch einen Kuss dafür.«

Ich las ihr vor. Bevor ich mit dem Kapitel zu Ende war, endete der Traum. Ohne Kuss.

Arne und Thomas waren kein Traum. Und ich musste davon ausgehen, dass Fannis Interesse an mir nur gespielt war. Sehr gut gespielt.

Da zappelte ich wieder einmal als Wurm an der Angel.

»Sie hat ihre Sache toll gemacht. Kannst du ihr ausrichten«, sagte ich.

Arne strich mir mit seiner Hand über die Glatze. Ich konnte mich nicht dagegen wehren. Er wirkte so …, wie soll ich es ausdrücken? So väterlich. Das hatte mir gerade noch gefehlt. Ein Terror-Chef, der Papa spielt.

Ich konnte das alles nicht fassen. Was geschah mit mir? Was wollten die von mir? Ich dachte an Fanni, und in meinen Augen sammelten sich Tränen. Arne ließ seine Hand auf meiner Schulter liegen. Es fühlte sich nicht schlecht an. Kumpelhaft. Nicht väterlich. Wobei sich väterlich auch nicht schlecht angefühlt hätte. Ehrlich gesagt.

»Fanni sollte dich beobachten«, sagte Arne schließlich. »Sie sollte sehen, wie du dich anderen gegenüber verhältst. Sie sollte uns sagen, ob wir dir vertrauen können oder ob du über unser erstes Treffen sprichst. Der Anschlag hat sie genauso überrascht wie dich.«

An der Stelle fiel ihm offenbar mein skeptischer Blick auf.

»Wir waren das nicht! Fanni hat einfach den Energieausfall

und die kaputten Mobrils genutzt, um dich anzusprechen. Das war nicht vorgesehen. Sie hat gegen unsere Regeln verstoßen.«

Er machte eine Pause.

»Irgendwie scheint sie dich zu mögen.«

Eine erste salzige Träne bahnte sich einen Weg über meine Wange und kam bei der Oberlippe an. Ich strich sie mit der Zunge weg. Arne tat so, als hätte er sie nicht gesehen, was bei der Distanz unmöglich war.

»Sie ist also wirklich Pflegerin in der C-Zone?«

Arne nickte.

»Zur Büchergilde gehören auch Leser. Die gibt es in allen Zonen.«

Ich ärgerte mich über mich selbst. Was machte ich hier? Ich konnte das alles nicht glauben. Wollte es nicht glauben. Wollte nur noch raus. Ich drehte mich zur Tür.

»Zweimal links, zweimal rechts, zweimal links, die Türen sind offen«, sagte Thomas.

Er überreichte mir die Taschenlampe. Noch so ein Vater, dachte ich.

Ohne mich umzudrehen, hörte ich Arnes Abschlusstext. »In den nächsten 48 Stunden wird sich alles weiter zuspitzen. Vor dem großen Knall werden wir uns noch einmal sehen. Denke über die Mobril nach und über Ultranetz und über all das, was dein Leben ausmacht.«

»Wieso gerade ich?«, fragte ich und starrte auf die rostige Tür.

Arne trat an mich heran. »Du hast bisher weder Nomos noch deinen Eltern noch deinem besten Freund Jojo von uns erzählt. Wieso wohl?«

Ich blickte frustriert zu Boden. Vermutlich bluffte er nur, er konnte das alles gar nicht wissen.

»Und ich hab das Wort deiner alten Lehrmeisterin«, sagte Arne.

Ich knallte die Tür hinter mir zu und rannte den Gang entlang. Zweimal links, zweimal rechts, zweimal links. Alle Türen standen offen. Vor mir drang Licht aus einem Loch am Boden, ich kletterte die Leiter nach unten.

Die Toilettenkabine hatte rosa Wände. Das war nicht die Toilette von vorhin. Thomas hatte mich reingelegt. Oder hatte ich mich verlaufen? Die Tür der Kabine war von innen abgeschlossen. Jemand zog die Leiter nach oben, und mit einem Grollen schob sich die Decke über mir zu. Gleichzeitig glitt die Tür der Kabine zur Seite.

Ich rannte an roten Waschbecken und einem Spiegel vorbei, einen Flur entlang. Ich fand mich in einem verwinkelten Restaurant mit viel dunklem Holz und echten Kerzen wieder. Ich stand irgendwo in einem dieser höhlenartigen Räume, tief in der grauen Mauer.

Vielleicht war ich auf der Rikscha sogar hier vorbeigefahren. Ich suchte den Ausgang. Stolperte weiter. Blieb erst stehen, als eine Stimme, die ich kannte, meinen Namen rief.

Fanni saß in einer Ecke an einem kleinen, runden Tisch und winkte mir zu. Sie wischte mir die Tränen mit ihrer Hand aus dem Gesicht. Schade, dass es nicht mehr waren. Ihre Hand hatte sich gut angefühlt.

Sie machte sich lustig über mein Hemd. »Wieder Fischsuppe ohne Fisch?«

Der Stoff war noch immer feucht. Die Kreide vom Senio-

renlager Ost-Hafen hatte am Ärmel graue Flecken hinterlassen.

Ich wollte mit Fanni über die Büchergilde sprechen. Über
Arne. Über ihre Rolle in dieser Organisation. Über einen
Weg, sie und die Professorin da rauszuholen. Über uns.

»Hab dich im Metro-Gleiter angelogen, aber nur einmal«,
sagte Fanni.

Ich hätte ihr an diesem runden Tisch alles verziehen.

»Eine Notlüge«, sagte sie.

Nur eines hätte ich nicht verziehen.

»Du hast einen Freund?«, fragte ich.

Sie schaute mich verwundert an. Ein ganzes Quartier versank im Chaos. Büchergilde-Terroristen kämpften gegen
Ultranetz und Zonenverwaltung. Und ich dachte nur an
so etwas.

Ich wäre gerne wieder in einem dunklen Büchergilde-Kel-
ler in einem weichen Sessel versunken. An der väterlichen
Hand von Thomas, dem Schriftsteller. Der mir dort erklären würde, wie ich Fanni endlich sagen konnte, wie sehr
ich mich in sie verknallt hatte. Trotz allem.

»Was war die Notlüge?«, fragte ich.

»Die Sache mit dem Animator.«

»Welche Sache?«

»Ich hatte noch nie einen«, sagte sie.

Ein paar Sekunden vergingen, und ich lachte. Ich hatte
mit dem Schlimmsten gerechnet, und nun so etwas. Mein
Lachen war ansteckend. Wir lachten zusammen. Irgendwann nahm sie meine Hand und legte sie auf ihre.

»Dafür hatte ich einmal eine kleine Bibliothek«, sagte sie.

Sie konnte mir erzählen, was sie wollte. Ich fühlte ihre

Hand, Wärme strömte, und ich war der glücklichste Mensch überhaupt.

»Hab von meinem Großvater immer Nachschub bekommen. Auch als die letzten Buchgeschäfte der Stadt schließen mussten. Und auch als über Ultranetz keiner mehr etwas bestellen wollte …«

Ich verstand nicht, wieso sie altes Papier sammelte und in raumfüllende Regale stellte. Ich kapierte nicht, was jemanden dazu veranlasste, sich Terrorgruppen wie der Büchergilde anzuschließen. Anschläge verübte. Chaos verbreitete.

Aber ich spürte Fannis Hand, und alles andere hatte Zeit. Dachte ich zumindest. Und lag falsch. Fanni schaute mich nach den Geschichten über ihren Opa und ihre vielen Schmöker hoffnungsvoll an. Aber mir fiel absolut nichts dazu ein. Zumindest nichts außer meinen kritischen Anmerkungen und Fragen.

Aber ich wollte nicht streiten, suchte nach anderen Themen. Hauptsache reden. Hauptsache hier sitzen bleiben. Hauptsache, unsere Hände berührten sich noch ein wenig.

Doch eine Frage beschäftigte mich zu sehr. Eine einzige Frage. Die musste ich einfach stellen. »Was hat es mit dem großen Knall auf sich, von dem Arne mir erzählt hat?«

Sie schaute in die Kerze vor uns. Sie schwieg.

Ich setzte auf alles. »Du musst aussteigen! Aufhören bei der Büchergilde! Du und die Professorin. Wir verhindern gemeinsam den großen Knall. Und teilen uns die 500 000.«

Sie riss ihre Hand weg.

»Du bist ein Buchagent und zerstörst das, was ich liebe«,

schrie sie mich an. Eine alte Frau am Nachbartisch schaute zu uns. Sie trug keine Mobril, und das zählte.

Fanni stand auf. »Arne vertraut dir. Ich nicht!«

Sie warf einen Zehner auf den Tisch. Er segelte an der Kerze vorbei und landete dort, wo vor ein paar Sekunden noch ihre Hand unter meiner gelegen hatte. »Der ist für die Rückfahrt in dein Zombieland.«

Sie verließ das Restaurant und drehte sich nicht nach mir um.

Draußen regnete es in Strömen. Wie im Film, dachte ich. Wenn sich Paare stritten oder trennten. Danach regnete es immer in Strömen. Und die Drüsen des Animators versprühten feuchte Luft im Raum.

Echter Regen fühlte sich anders an. Bis ich einen Riksha-Fahrer fand, war ich von Kopf bis Fuß nass. Bei der Hauptstraße angekommen, entschied ich mich gegen die Taxis. Ich wollte nicht mit dem Finger zahlen. Keine Spuren hinterlassen. So weit hatten mich Fanni und Arne bereits gebracht. Obwohl ich für Fanni ein Buch-Zerstörer war und Arne mich um meinen Job bringen wollte.

Zu Fuß erreichte ich nach einer Stunde im Regen die nächste Metro-Gleiter-Station. Unterwegs hatte ich genug Zeit zum Nachdenken. Steckte ich schon zu tief drinnen? Hatte mich Arne schon so sehr eingewickelt mit seiner Kritik am System?

Irgendwie hatte er ja sogar meine Professorin überzeugt. Sie war nicht leicht für etwas zu gewinnen. Das wusste ich. Oder war es meine Hand auf Fannis Hand, weshalb ich die Sicherheits-Scanner an diesem Tag schon wieder nicht kontaktierte?

Ich kam durchgefroren zu Hause an, ließ den Kleiderreiniger links liegen. Angezogen stellte ich mich unter die heiße Dusche. Streifte das mit Wasser vollgesaugte Hemd ab. Ich hatte noch zwei Stunden bis zum Treffen mit Jojo. Die Mobril blinkte. Die Werbespots des Vormittags hatte ich schon wieder verpasst.

»Wir freuen uns, Ihnen auch ohne Werbevertrag alle Mobril-Dienste anzubieten«, teilte mir die sanfte Stimme mit. Bevor ich etwas dazu sagen konnte, hatte mein Auge den 150-prozentigen Preisaufschlag akzeptiert. Es störte mich nicht wirklich. Ich hatte andere Probleme.

Selbst als mich die Mobril-Nachricht von Nomos erreichte, blieb ich regungslos. »An alle Buchagenten aus meiner Gruppe! Wir treffen uns heute Abend, 17 Uhr. Krisensitzung in der Zentrale. Wer nicht kommt, der ist draußen.«

DIE KRISENPARTY

Nomos' Ranking bei der Scan AG sank von Tag zu Tag. Ich sah seine Wertung bei mir in der Mobril blinken. Krisensitzungen veranstaltete er daher ständig. Seine Agenten spürten zu wenig Leser auf.

Ich traf zeitgleich mit Jojo in der Zentrale ein. Nomos projizierte eine Karte der A-Zone mit einer roten Zielscheibe in den Seminarraum. Die Karte löste sich auf, und wir sahen eine alte Frau mit einer Einkaufstasche.

»Sie wurde zuletzt im 14. Quartier gesehen«, sagte Nomos. Er zoomte auf die Tasche. Ganz oben lagen drei übereinandergestapelte Bücher.

»Die ganze Wochenquote in einer Tasche«, flüsterte mir Jojo zu.

»Vermutlich wohnt sie nicht in der A-Zone, sondern in einem Seniorenlager der C-Zone«, sagte Nomos. Der Animator zeigte sie in einem Aroma-Supermarkt der NEUDI-Kette.

»Wir haben alle Ultranetz-Filme der letzten Woche von NEUDI ausgewertet«, sagte Nomos. »Sie ist jeden Tag dort! A-Zone. 14. Quartier.«

Jojo hob die Hand. »Machen wir! Rob und ich sind morgen dort!«

Nomos nickte und lächelte. »Ihr habt auch keine Wahl.« Jojo und ich schauten uns beide an. Die anderen tuschelten. Wir ahnten nichts Gutes. Bei den regulären, monatlichen Treffen erhielten die erfolgreichsten Buchagenten eine Prämie als Mitarbeiter des Monats. Bei den Krisensitzungen zeichnete Nomos niemanden aus. Im Gegenteil. Das schlechteste Team erhielt eine Abmahnung. Wer zweimal in Folge am meisten Pech bei der Lesersuche hatte, der flog. Jojo und ich waren überrascht, als uns Nomos an diesem Abend abmahnte.

Wir ließen uns nichts anmerken. Wir besuchten wie nach jedem Treffen in der Zentrale die Kantine auf dem Dach des Hochhauses. Nomos speiste in der First Class. Ein Raum mit bunten Servietten auf den Tischen. Er saß neben anderen Teamleitern, Managern und Beratern. Dort nahm noch ein Kellner die Bestellungen auf.

Wir Buchagenten standen in einer Schlange vor zwei Automaten. Aus dem gelben spritzte lauwarmes Zuckerwasser. Der braune spuckte Brotersatz mit Käse-Aroma aus. Mit den Bechern und Tellern aus Plastik stellten wir uns auf die Terrasse.

Sie war von einer vielleicht vier Meter hohen Scheibe umgeben. Jojo und ich suchten uns einen ruhigen Platz zwischen den Plastikpflanzen.

»Mensch, wir müssen uns die nächsten Tage echt zusammenreißen. So geht's nicht weiter«, sagte Jojo.

Ich nickte.

Wir blickten auf das hinab, was wir von so weit oben erkannten. Nichts als dunkelgrüne Wolken, die sich von der C-Zone kommend über die B- und zu unserer A-Zone ausbreiteten. Ein altes Problem. Die Zonenverwaltung hatte deswegen gerade erst ein paar Gesetze verabschiedet.

In der Stadt durften nur E-Fahrzeuge fahren. Viele beachteten aber die Vorschriften nicht. Irgendwann hatte sich das ohne Paragraphen geregelt. Es gab schlichtweg keinen Treibstoff mehr. Doch die giftigen Wolken blieben. In der C-Zone verbrannten die Leute ihren Müll, erhitzten Duschwasser damit oder beheizten Wohnungen.

Ein paar Buchagenten saßen in einer Ecke auf Tischen. Wir gesellten uns zu ihnen. Bestimmt zogen sie sich Nador durch die Nase. Oder sie mischten es mit Tabakersatz und rauchten es. Manche schluckten Nador auch in klassischer Pillenform. Die aus der First Class schwiegen dazu. Viele nadoisierten sich vermutlich selbst.

Alle Buchagenten schnieften, schluckten und rauchten in dieser Nador-Ecke. Bis auf eine Ausnahme. Ich. Einer musste Jojo nach so einem Abend in ein Taxi setzen und dem Fahrer die Adresse nennen. Ein Freundschaftsdienst. Und ich hatte sowieso nichts anderes zu tun nach der Arbeit.

Thema der Nador-Runde war die jüngste Krisensitzung. Nomos hatte zur Einstimmung lustige Filme von besonders auffälligen Lesern in den Raum projiziert. Ein paar Buchagenten spielten die Fragen von Nomos nach.

»Kennt ihr den Typen?«

»Habt ihr die Frau schon mal gesehen?«

Vor allem der Zweiminüter über ein junges, lesendes Paar sorgte für Erheiterung.

»Wow, 'ne aufregende Beziehung«, kommentierte einer.

Jojo hatte bereits zwei Pillen geschluckt und lallte ein wenig. »Mensch, die lesen eine Lovestory als Bedienungsanleitung!«

Alle in unserer Runde grölten. Ich verzog das Gesicht

mühsam zu einem Grinsen. Wieso musste gerade Jojo sein Senfaroma dazu abgeben? Mein Kumpel, der total in eine Frau verliebt war. Die er noch nicht einmal in echt gesehen hatte.

Auf mich hatte der Film des lesenden Paares anders gewirkt. Die beiden saßen sich gegenüber in einem belebten Café. Überall um sie herum blickten Leute in ihre Mobrils. Zuckten mit ihren Schädeln bei Mobril-Spielen. Wichen heranrasenden Gegenständen aus oder lenkten Solar-Gleiter über giftgrüne Wolken.

Manche im Café kommunizierten über die Brille. Sie gestikulierten mit den Händen in der Luft. Ein dicker Junge saß mit den zwei verliebten Lesern am selben Tisch. Er hatte den Kopf im Nacken und den Mund weit geöffnet. Er schaute sich entweder fasziniert einen Film an oder war schlichtweg eingeschlafen.

Die zwei Leser störte das alles nicht. Ihre Hände trafen sich in der Tischmitte. Seine Hand auf ihrer Hand. Wärme strömte. Das wusste ich ganz sicher. In meinem Bauch fühlte ich einen abrupt bremsenden Metro-Gleiter. Er beschleunigte wieder. Stoppte wieder. Machte einen Looping. Ich vermisste Fanni.

Ob sie sich so einen Partner vorstellte? Mit Buch, ohne Mobril? Ich sah mich in allen Leuten im Café. In den Zockern. In den Glotzern. In den Quatschern. Aber nicht in dem lesenden Jungen. Ich war verliebt. Und das hoffnungslos.

Jojo brachte mich mit einem Kommentar zu Fannis Büchergilden-Guru Arne Bergmann zurück auf die Terrasse.

»Und der Alte«, lallte Jojo laut.

117

Man hörte ihn sicher bis zu den zwei Automaten in der Kantine.

»Der hatte Haare wie die Affen in der Parkhalle. Themengebiet Dschungel«, sagte eine Buchagentin.

Nomos hatte die Filme von Arne und mir aus dem Metro-Gleiter gezeigt. Während Arne durch den Korridor auf die Toilette zuging, beobachtete mich Nomos. Gleich schrieb mir Arne dort die Einladung in die C-Zone. Aber das wusste keiner außer mir. Außer Arne und mir. Und Nomos, befürchtete ich.

Man sah Arne, wie er im Abteil mit mir sprach. Aber man hörte nur ein dunkles Brummen. Mehr konnten die Techniker der Scan AG nicht herausfiltern. Wir sahen den Film, den der C-Zonen-Bettler mit seiner kaputten Mobril aufgenommen hatte. Der Animator wechselte auf schwarzweißes Flackern.

Nomos fragte mich während unserer Krisensitzung vor versammelter Mannschaft aus.

»Was hat dir der Terrorist anvertraut?«

»Er berichtete …«, sagte ich langgezogen, um noch ein paar Sekunden Zeit zu gewinnen.

Ich dachte an Thomas, den Schriftsteller. Stellte mir vor, ich müsste eine gute Geschichte erzählen. Und ich ließ meiner Phantasie freien Lauf.

»… also, er berichtete wie ein Verrückter von seinem Großvater, der ihm immer Bücher geschenkt hat. Der hat auch immer Pfeife ohne Info-Anzeige geraucht. Rauchen und schenken. Das war sein Leben. Und von irgendeinem Buch hat er noch gefaselt. Alles Mögliche eben.«

»Welches Buch?«, fragte Nomos nach.

Ich musste mir schnell etwas einfallen lassen.

»Der alte Mann und das Meer.«

Nach der Krisensitzung, als sich alle auf den Weg zur Kantine machten, rief mich Nomos zu sich.

»Also findest du das nicht komisch?«, fragte er.

»Was meinen Sie?«

»Der alte Mann und das Meer!«

»Was soll daran komisch sein?«

»So hieß doch das letzte Buch, das Jojo und du gescannt habt.«

Ich war sprachlos. Natürlich wusste er das.

»Vor dem Scannen habt ihr im Fischkutter gegessen«, sagte Nomos. »Fischsuppe ohne Fisch. In der Parkhalle. Schon vergessen?«

»Dieser Hemingway muss ziemlich beliebt gewesen sein«, sagte ich.

»Im Gegensatz zu deiner Mobril auf jeden Fall.«

Ich schwitzte wie noch nie.

»Ich erreiche dich kaum noch damit. Du scheinst neuerdings gerne ohne Mobril unterwegs zu sein.«

Ich dachte an die Geschichte, die ich Jojo erzählt hatte. Ich durfte nicht von ihr abweichen. Vielleicht würde Nomos als Nächstes Jojo befragen.

»Hab eine Freundin in der C-Zone, und sie will nicht mit der Mobril ...«

»Davon sehe ich gar nichts auf deinem Ultranetz-Profil. Da steht Single.«

»Wir sind ganz frisch ...«

»Ohne vorher zu testen? Eine Freundin? Bei dem Finanzstatus? Sehr mutig. Passt gar nicht zu dir.«

»Also, deswegen treffen wir uns auch ohne Mobril. Damit vor dem Test keiner etwas erfährt und …«

Nomos winkte ab. Er wusste offenbar alles. Ich erwartete, dass jeden Augenblick die Sicherheits-Scanner eintrafen. Stattdessen packte er meinen Arm und zog mich zu sich.

»500 000 sind viel Geld«, flüsterte er. »Auch wenn man es durch zwei teilt.«

Er zeigte erst auf mich und dann auf sich.

Nador vernebelte die Luft auf der Terrasse. Der Film mit Arne und mir ließ die Kollegen nicht los.

»Mensch, Rob, wie war das mit so einem haarigen Tier im Käfig?«, fragte mich einer.

Die Runde gaffte mich an und erwartete einen markigen Spruch.

»Die einen sehen aus wie Affen. Die anderen reden wie welche«, sagte ich und war selbst über mich überrascht.

Keiner lachte. Der Typ, der mich gefragt hatte, richtete sich auf.

Jojo schwankte ein wenig, stellte sich aber tapfer zwischen uns. Er galt als Autorität. Einfach schon deswegen, weil er für den Rest der Gruppe Nador von unseren Fahrten in die C-Zone mitbrachte.

Jojo schob mich leicht wankend weg von der Gruppe. An einem Tisch am anderen Ende der Terrasse blieben wir stehen.

»Mann, Rob. Was ist los?«

Er klang so, als ob ihm eine Packung Kaugummi zwischen den Zähnen kleben würde.

Waaschischloosch?

Ich zitterte überall, war noch immer aufgeregt. Jojo setzte sich auf den Tisch, kippte leicht nach vorne.

»Das Treffen mit Melli ist ordentlich danebengegangen. Von wegen Versöhnung«, lallte Jojo.

Vonwejenverschönung.

Ich war erleichtert, dass er von seinen Problemen sprach, und versuchte, ihm glaubhaft zu erklären, wie leid mir das tat. Er schüttelte den Kopf. »Schon gut. Sie heult immer. Melli meint, eine Fernbeziehung ist unkommunikativ.«

Er machte eine Pause.

»Dabei kommunizieren wir doch ständig.«

Wirdochschdänisch.

Ich nannte Jojos Verhältnis zu Melli eine Mobril-Beziehung. Fernbeziehung klang nach 5. Quartier A-Zone und 18. Quartier B-Zone. Aber nicht nach unterschiedlichen Städten.

Melli lebte aber nun leider in einem anderen EG (Evakuierungs-Gebiet), also in einer anderen Stadt. Und Flüge mit den Solar-Gleitern waren fast unbezahlbar. Genehmigungen für solche Ein- und Ausreisen stellte die Zonenverwaltung nur für Geschäftsreisende aus.

Jojos Liebesbeziehung, wie immer man sie nennen mochte, war von Anfang an zum Scheitern verurteilt. Das war meine Meinung. Aber die konnte ich als unerfahrener Single unmöglich Jojo mitteilen. Auch wenn ich seiner Meinung nach kein Single mehr war.

Auf der luftigen Terrasse der Scan AG hörte ich mit dem Grübeln gar nicht mehr auf.

»Melli wird sich wieder fangen«, sagte Jojo und schlug mir auf die Schulter. »Wie geht's deiner Pflegerin?«, fragte er.

Er lallte nicht mehr. Seine Augen schwollen jedoch an. Ich schüttelte verlegen den Kopf und schaute in die dunkelgrünen Wolken.

Jojo legte sich auf den Tisch, stützte sich mit dem Ellenbogen ab. Ich kannte das bei ihm. Er würde in 20 Minuten tief und fest schlafen. Normalerweise hätte ich in diesem Stadium *Mobril. Kontakt. Taxizentrale. 5. Quartier* gesagt.

An diesem Abend schaute ich kurz über Jojo hinweg in die Kantine. Nomos und ein paar Anzugträger saßen noch immer in dem hell erleuchteten Raum. Sie interessierten sich nicht für uns.

»Gib mir mal was von dem Zeug«, sagte ich.

Ohne nachzufragen, griff Jojo in die Jackentasche. Er schüttete auf dem Tisch eine kleine Plastiktüte mit blauem Nador-Pulver aus. Er nahm die Mobril und zog mit ihren eckigen Kanten aus dem Häufchen eine dünne Spur.

»Langsam! Verstanden? Das Zeug wirkt erst etwas später und bei jedem anders.«

Ich folgte Jojos Anweisungen. Ich hatte ihm ja oft genug dabei zugeschaut. Nach einer halben Minute waren die winzigen Körner in meiner Nase verschwunden. Ich stellte mich auf ein halbstündiges Warten ein und freute mich auf die Wirkung.

Keine Minute später blutete ich aus beiden Nasenlöchern. Mein Kopf hämmerte. Mir war so schlecht wie nach zehn Stunden Metro-Gleiter.

Ich wachte mit blutverschmiertem Hemd in den Toilettenräumen auf. Ich lag auf dem Boden in einer Kabine. Die Tür war angelehnt. Ich strich über meine Glatze und fühlte kalten Schweiß. Ich versuchte, mich zu erinnern. Mir fiel nur die Terrasse, Jojo und ein Häufchen Nador ein. Mir war übel, und ich wollte an die frische Luft. Ich zog mich gerade am Klodeckel nach oben, als ich Nomos und einen anderen Mann hörte. Sie mussten bei den Waschbecken stehen.

»Da mach ich nicht mit. Zielvorgaben hin oder her. Vergiss die Quote!«, sagte Nomos.

Er klang aufgebracht.

»Du hast keine Wahl. Du gehörst zum Kernteam. Genauso wie ich.«

Die Stimme konnte ich keiner Person zuordnen.

»Ich lass mir nicht drohen. Ein kurzer Mobril-Kontakt, und ich hab eine neue Stelle in der Zonenregierung. Auf Lebenszeit mit Alters-Zusatz-Prämie«, sagte Nomos.

»Vergiss die Regierung. Sie steht auf unserer Seite.«

»Die Vize-Präsidentin wohl kaum.«

»Die war die Billigste von allen. Sie wird mit 74 Ja-Stimmen und sechs Enthaltungen nächste Woche in den Vorstand gewählt. Doppelter Leistungsbezug natürlich!«

»Was ihr vorhabt, das ist doch Wahnsinn. Ich steige aus«, sagte Nomos.

»Zu spät. Zwölf Uhr morgen Mittag ist es so weit.«

Auf diesen Satz reagierte Nomos noch hektischer.

»Seid ihr alle verrückt geworden? Das ist ein Verbrechen.«

»Ein Verbrechen ist es, wenn Ultranetz die maximalen Zielvorgaben nicht erreicht! Wir handeln ertragsorientiert. Schon vergessen?«

Einer von beiden verließ den Raum und knallte die Tür zu. Der andere ging auf und ab. Kurz dachte ich, er würde vor meiner Kabine stehen bleiben. Meine Tür war nicht verriegelt, und sie hatten wohl gedacht, sie wären alleine. Schließlich entfernten sich auch diese Schritte.

Ich wartete noch eine Viertelstunde auf dem Boden. Dann erst traute ich mich wieder auf die Terrasse. Die Stühle und Tische standen verlassen zwischen den Plastikpflanzen in der Dunkelheit.

Keine Spur von Jojo und den anderen. Im Zimmer der First Class brannte kein Licht mehr. Im Hauptraum der Kantine saßen an einem Tisch ein Dutzend mir unbekannte Mitarbeiter. Sie tranken eine Tasse Irgendwas-Aroma. Die Nachtschicht wahrscheinlich. Ultranetz schlief nie.

Ich wollte Nomos auf keinen Fall in die Arme laufen und ging durch das Treppenhaus. Etage für Etage stolperte ich die Stufen hinunter. Die Bewegung vertrieb die üblen Nador-Geister. Endlich wieder im Freien, waren Schmerzen und Übelkeit vergessen. Ich setzte die Mobril auf und entdeckte 23 Kontaktversuche. Alle von Jojo. Die Brille zeigte drei Uhr nachts, und ich wollte ihn nicht wecken. Mit Sicherheit schlief er seinen Rausch aus. Was ich brauchte, war ein sehr frühes Frühstück, ein frisches Hemd und mein Bett.

Jojo weckte mich gegen zehn Uhr. Ich hatte in einem der 24-Stunden-Märkte ein billiges T-Shirt gefunden und mich in einen Schnellimbiss gesetzt. Nach zwei pappigen Zonenburgern hatte ich die Heimreise angetreten. Und war noch in den Kleidern auf meinem Bett eingeschlafen.

»Bist gestern ja früh abgehauen«, sagte Jojo munter.

»Sehr weit bin ich nicht gekommen.«

»Bis wohin denn?«

»Kantinen-Toilette.«

Er lachte und wollte mich noch zwei Stunden schlafen lassen.

Ich bekam die Augen nicht mehr zu, sondern dachte an die Nacht. Als mir das Gespräch zwischen Nomos und dem Unbekannten wieder einfiel, schrak ich auf. Nomos und der andere hatten irgendetwas von zwölf Uhr mittags gesagt. Nur welcher Mittag?

Was immer da geschehen sollte, eines war klar: Nomos wollte nicht mitmachen. Ich konnte mir keine noch so seltsame Ultranetz-Entscheidung vorstellen, bei der Nomos nicht dabei sein würde. Die Sache war so geheim, dass nur ein Ort ohne Mobril-Verbindungen für das Gespräch in Frage gekommen war. Ich konnte das alles nicht auf einen gemeinsamen Nenner bringen.

Während ich an meine Zimmerdecke starrte, meldete sich Jojo wieder. »Halt dich fest.«

Normalerweise folgte bei so einem Satz die Weiterleitung eines Ultranetz-Filmes aus seinem Abo.

»Wir haben einen neuen Teamleiter«, sagte Jojo.

»Ein Witz, oder?«

»Nein! Die Geschichte ist tragisch.«

Jojos Stimme klang ungewohnt ernst, und ich richtete mich im Bett auf.

»Nomos ist heute Nacht verunglückt.«

Mein Kopf pochte. Die Nador-Geister kehrten zurück.

»Er ist im Auto von einem Laster angefahren worden. Starb sofort. Du kannst auf Ultranetz den Film der Ambulanz ...«

»Nein danke.«

»Den Film des Einäscherungs…«

»NEIN!«, rief ich.

»Verstanden. Die Polizei fahndet nach dem Fahrer. Der ist geflüchtet.«

Jojo hatte all das von einem Freund aus der Programmier-Abteilung erfahren. Der bastelte bereits an einer Animation für die Trauer-Botschaft an uns Mitarbeiter.

»Wir können uns bei mir mit ein paar Animatoren-Film-chen ablenken«, schlug Jojo vor.

Mehr war seiner Meinung nach nicht notwendig. Das mit Nomos ging uns nicht allzu nah.

»Danach müssen wir wieder an die Quote denken! Die Ab-mahnung, du weißt schon.«

Klar, wusste ich. Aber wenn ich mich nach dieser Nacht und dieser Nachricht mit jemandem sofort treffen wollte, dann nicht mit Jojo. Ich dachte an Arne Bergmann. Die Märchen des alten Mannes wurden Wirklichkeit.

DAS NADOR

Als ich mein Zimmer verließ, machte die Mobril auf sich aufmerksam. Jojo kontaktierte mich. Ich hatte die Brille gerade auf das Bett geworfen. Meine Reise zu Arne wollte ich ohne sie antreten.

»Ein neuer Film von Jojo«, teilte mir die sanfte Stimme mit. Ich setzte mich auf den Bettrand und startete Jojos Film. Ich rechnete mit der Nomos-Trauerbotschaft des Konzerns. Der Verkündung des tödlichen Unfalls. Wobei ich nach dieser Nacht in der Zentrale daran zweifelte, ob es das wirklich war, ein Unfall.

Nomos hatte immer zu 1000 Prozent hinter Ultranetz gestanden. Er gehörte zu den Teamleitern der ersten Stunde. Er arbeitete Tag und Nacht für den Konzern. Morgens ab sechs konnten wir ihn im Büro für Fragen erreichen. Angeblich verließ er dieses Zimmer selten vor Mitternacht.

Er wollte täglich von uns Berichte, egal wie früh wir anfingen oder wie spät wir aufhörten. Nomos gehörte für mich zum Konzern wie Arne zur Büchergilde. Deswegen verstand ich die Diskussion in der Nacht nicht. Bei was hatte der skrupellose Nomos auf einmal Skrupel?

Ich hoffte, Arne konnte mir das alles erklären. Zumindest seine Version der Dinge. Und die hatte vermutlich mit dem E-Anschlag im 5. Quartier zu tun. Meine Reise in die C-Zone musste warten. Die Trauerbotschaft wollte ich sehen.

»Mobril. Film von Jojo. Start.«

Zuerst sah ich eine Matratze mit blauem Bettzeug. Um eine Trauerbotschaft des Konzerns handelte es sich garantiert nicht. Die Bilder waren leicht verschwommen, eine amateurhafte Aufnahme. Ich regte mich über so was immer auf. Egal wer diesen Film mit seiner Mobril gemacht hatte, er hatte nicht über Perspektive und Belichtung nachgedacht. Nur eine E-Kerze flackerte auf dem Boden.

Eine Frau trat ins Bild, an ihrer Hand ein Mann. Beide waren nackt.

Wieso schickt mir Jojo so etwas?

Nach ein paar Sekunden wusste ich, wieso. Der nackte Mann in dem Film nannte die nackte Frau Melli.

»Mobril. Film von Jojo. Stopp.«

Melli? Ich ließ die Sequenz erneut laufen. Tatsächlich. Bei der schlechten Bildqualität hatte ich sie nicht sofort erkannt. Ich hatte schon Dutzende Filme von ihr gesehen, die sie Jojo zugeschickt hatte. Melli kauft im NEUDI ein. Melli räumt ihr Zimmer auf. Melli lasert sich im Badezimmer die Augenbrauen. Melli macht dies, und Melli macht das. Und nun Melli mit einem anderen Jungen im Bett.

Jojo hatte den Film an all seine 19 000 Freunde geschickt. 250 von ihnen stellten ihn auf Ultranetz. Wie lange hatte Jojo ihn schon? Bei unserem Gespräch vor ein paar Stunden hatte ich ihm nichts angemerkt. Sekündlich erschienen nun neue Kommentare auf Ultranetz. Ich öffnete keinen von ihnen. Jojo wartete sicher auf mich. Er brauchte mich. Real.

»Mobril. Kontakt. Jojo«, sagte ich unterwegs mindestens ein Dutzend Mal.

Ohne Erfolg. Ich sah nur immer einen strahlenden Jojo vor mir. Mit ein paar Filmstars (die gesamte Crew von Water Man 20) tanzte er im Kreis. In ihrer Mitte loderte ein Lagerfeuer. Ein Ultranetz-Kollege hatte Jojo die Abwesenheits-Animation programmiert.

Bei mir war es keine Animation, sondern eine echte Aufnahme. Ich trieb in der Parkhalle auf der Oberfläche des Salzmeers. Dabei streckte ich die Mobril mit der einen Hand so weit wie möglich von mir weg und filmte mich selbst vor dem Staudamm.

Jojo aktivierte seine Abwesenheits-Animation ausschließlich in zwei Fällen. Entweder er suchte mit mir nach Lesern. Oder er spielte in der Oase bei einem Film mit. Sonst nie. Ich musste also dorthin fahren. Jojo war für mich schließlich wie ein Bruder. Zumindest muss es sich früher so angefühlt haben. Vor der Ein-Kind-Familie. Wir sind zusammen aufgewachsen. Manchmal habe ich mich mit ihm sogar richtig verwachsen gefühlt.

Ich erreichte die Oase nach einer halben Stunde Taxifahrt. Mein katastrophaler Kontostand spielte keine Rolle mehr. Für Metro-Gleiter hatte ich sowieso keinen Nerv.

Der Laden gehörte zu den ersten Interactive-Movie-Halls in unserer Stadt. Jojo spielte immer in irgendeinem Streifen mit, wenn er sich für zwei Stunden von der Realität verabschieden wollte.

»Mit 'ner Dosis Nador einen Film in der Oase zocken, und die Probleme lösen sich von alleine«, lautete sein Motto.

Ich rannte über den roten, abgewetzten Teppich am Eingang. Der Warteraum wirkte mit dem vielen Glas und Metall ziemlich altertümlich. Doch die Technik beeindruckte noch immer. Bis zu vier Personen konnten in den Filmen mitspielen.

Jojo lud mich einmal im Monat dazu ein. Ich konnte mir den Spaß nicht leisten. Wir zogen die schweren Mobril-Intensiv-Helme über den Kopf, schlüpften in einen Anzug voller Sensoren an Armen, Brust, Rücken und Beinen. Jojo und ich spielten in zwei unterschiedlichen Räumen. Der bewegliche Boden passte sich den eigenen Schritten, Sprüngen und Stürzen an.

Zuletzt haben wir bei einem Gangster-Film mitgespielt. Ich gehörte zu den bösen Jungs. Jojo zu den Polizisten. Ausgerechnet Jojo musste einen Nador-Schmuggler-Ring aufdecken. Ausgerechnet ich führte die Gangster-Bande an. Am Ende des Filmes lieferten wir uns eine Verfolgungsjagd auf einem Fabrikgelände in der C-Zone. Jeder hatte eine E-Pistole, sie gehörte zum Inventar jeder Interactive-Movie-Hall. Sie übertrug aber nur ganz kleine Stromstöße. Und wer keinen Herzfehler oder so hatte, durfte mitspielen. Nur am Ende tat es weh.

Jojo, der einsame Ermittler, erhielt in letzter Minute Verstärkung von einer ganzen Polizeieinheit und den Sicherheits-Scannern. Sie überwältigten mich mit Schlägen und Fußtritten. Schweißgebadet verließen Jojo und ich die Oase.

»Dein Sieg war von Anfang an so programmiert!«, fluchte ich.

»Ist doch immer so in den Filmen. Der Gute gewinnt am Ende. Du wolltest ja unbedingt Gangster spielen!«

Ich rannte zur Oase-Kasse. Der Taxifahrer wartete vor dem Eingang mit dem abgewetzten Teppich.

»Läuft bei Ihnen gerade was?«, fragte ich die Mitarbeiterin hinter der Theke.

Sie schüttelte den Kopf. »Die nächste Animation beginnt in einer Stunde.«

»Wer spielte in der letzten mit?«, fragte ich.

»Da haben drei diese Raumschiff-Schlacht gespielt. Die mit den Weltraum-Vampiren, die sich in Aliens verlie…«

»Wie alt waren die Spieler?«

»Neun oder so.«

Also kein Jojo in der Oase, dachte ich.

Das Taxi fuhr mich zu Jojos Wohnung. Jojo machte nicht auf. Er schlief oder war doch unterwegs. Ich drückte einen Finger auf die Tür. *Mzzzp*. Er hatte mich als Mitbewohner bei Techmix registriert.

Das Licht ging an. Mein Lieblingssong von Zonenzora-22 dröhnte aus den Boxen. Die markante Heldenstimme von Water Man begrüßte mich.

»Hey, Rob! Willkommen!«

»Wo ist Jojo hin?«, fragte ich.

»Die Aroma-Zelle ist leer. Hunger?«

Offenbar sang Zonenzora-22 zu laut, und Water Man brachte etwas durcheinander. Ich stellte mich direkt vor die Techmix-Konsole.

»Wo ist Jojo?«

»Neu bei NEUDI: Ein Aroma-Mix-Angebot. Zwei zum Preis von einem! Soll die Bestellung aufgegeben werden? Schnelle Lieferung in zwei Stunden und zehn Minuten garantiert. Schon ist die Aroma-Zelle wieder voll. Und dazu empfehlen wir …«

»WO IST JOJO!«, schrie ich.

»Er ist hier«, antwortete Water Man in aller Ruhe.

»In der Wohnung?«, fragte ich.

»Ja. Jojo ist im Wohnzimmer. NEUDI bietet dir das Aroma-Mix-Angebot ...«

Jojo lag auf dem Sofa. Ich war sauer, weil ich mir so langsam Sorgen gemacht hatte. Und er pennte einfach.

»Guten Morgen!«, rief ich. »Hey, Partner! Ich hatte schon mit dem Schlimmsten gerechnet, und du ...«

Keine Reaktion.

Nur die Zonenzora-22 sang.

Blaues Pulver und drei Packungen Nador in Pillenform lagen auf dem Tisch.

»Jojo!«, schrie ich und schüttelte ihn.

Ich spürte keinen Puls und rief immer wieder seinen Namen. Meine Mobril lag zu Hause. Ich wollte nach Jojo eigentlich weiter zu Arne. Ich hob Jojos Brille vom Boden auf und aktivierte sie. Ich kannte sein Zugangswort. *Melli*. Natürlich.

»Zu 95 Prozent eine Nador-Überdosis«, sagte die Spritze des Notarztes eine Viertelstunde später.

Er zeigte auf die Anzeige der Spritze. Ich las alle möglichen Werte ab und verstand trotzdem nichts. Ich hatte von Medizin nicht die leiseste Ahnung. Ich legte mich alle fünf Jahre in eine Röhre, danach verkündete ein Arzt meinen Gesundheitszustand. Das war's.

Mit dem Notarzt waren zwei Polizisten gekommen. Ein Dicker und ein Großer.

»Immerhin starb er glücklich und satt«, sagte der Große laut genug, damit ich es mitbekam.

Sie verhörten mich gleich in Jojos Wohnzimmer. Ich war noch total verstört und konnte mich kaum auf die Fragen konzentrieren.

»Woher kennen Sie diese Person?«

In meinen Augen sammelten sich Tränen.

»Wieso haben Sie Zutritt zu seiner Wohnung?«

Ein ganzes Parkhallen-Salzmeer voll.

»Bei wem kauft er Nador?«

Am liebsten wäre ich in diesem See ertrunken.

»Wie finanziert er es?«

Sofort. Und in den Armen von Fanni.

»Nehmen Sie es?«

Gemeinsam ertrinken.

Da ich auf nichts antwortete, tastete mich der Dicke ab. Er durchsuchte meine Jackentasche.

»Nicht mal eine Mobril hat der dabei!«

Der Dicke runzelte die Stirn. Das machte mich offenbar besonders verdächtig. Der Notarzt musste nun auch von mir Blut abnehmen. Wortlos streckte ich den Arm aus.

»Wahrscheinlichkeit eines Nador-Konsums in den letzten 24 Stunden beträgt 100 Prozent«, diagnostizierte die Spritze.

Der Große grinste mich an und nickte dem Dicken zu. »Na, dann können Sie ja jetzt anfangen, die Wahrheit zu sagen. Woher kennen Sie diese Person?«

Die Fragerunde ging von vorne los. Ich zeigte ihnen mein Ultranetz-Profil. Damit waren sie beschäftigt, bis zwei Mitarbeiterinnen der Gesundheitsbehörde klingelten. Die Frauen in den blauen Uniformen trugen Jojos Leichnam in das Einäscherungs-Fahrzeug.

»Muss das jetzt sein?«, fragte ich.

»Schon mal was von den Hygienegesetzen gehört?«, fragte mich der Dicke.

»Natürlich. Aber …«

»Das Gesetz duldet kein *Aber*«, sagte der Große.

Kurz nach der Einäscherung standen Jojos Eltern im Raum. Sie hatten Tränen in den Augen, umarmten mich. Sie wollten mich nicht mehr loslassen, und endlich brach auch bei meinem Salzsee der Staudamm.

Die Anwesenheit von Jojos Eltern besänftigte den großen und den dicken Polizisten. Ich bekam eine Verwarnung wegen des Nador-Konsums. Aber solange ich nichts bei mir hatte, konnten sie mir sowieso nicht viel vorwerfen.

Die Polizisten überprüften die Daten auf Jojos Mobril-Basis. Die Filme der Wohnungskameras zeigten nur ihn und sein Nador.

»Kein Fremdverschulden«, sagte der Große.

Der Fall war für sie erledigt. Sie nannten Jojos Mutter die Adresse der Beisetzungshalle, wo Jojos Asche lagerte. Die Eltern brachten mich mit ihrem E-Kleinwagen zur Metro-Gleiter-Station. Ein ewiger Abschied. Sie sagten mir, um wie viel Uhr sie Jojo am nächsten Tag beisetzen wollten. Dafür hatten sie laut Hygienegesetz immerhin einen Tag Zeit.

Im Metro-Gleiter kam ich aus dem Grübeln gar nicht heraus. Hatte sich Jojo bei der Nador-Dosis aus Versehen vertan? Er war keiner, der schnell aufgab, keiner, der sich wegen der Sache mit Melli das Leben nehmen würde. Und wieso starb Jojo ausgerechnet jetzt, so kurz nach Nomos? Hütete Jojo ein Geheimnis vor mir? Und angenommen, Nomos und Jojo standen auf irgendeiner Liste, war mein Name dann auch darauf?

Ich konnte nicht gleich zu Arne. Ich brauchte ein paar

Stunden für mich alleine zu Hause. Wenn die letzten Tage die aufregendsten meines Lebens waren, so war dieser der traurigste.

Ich suchte auf meiner Mobril-Basis nach Filmen, die Jojo zeigten.

»15 Jahre Filmmaterial inklusive Werbung«, meldete eine Stimme. »Zwölf Jahre sind auf Ultranetz veröffentlicht, drei Jahre intern gespeichert.«

Ich wollte keine Sekunde sehen. Ich würde diese drei Jahre aus Jojos Leben seinen Eltern auf ihre Mobrils senden. Oder was sollte ich machen?

Mir fiel etwas ein. Ich zog meine Mobril-Basis aus der Wandkonsole. Über Mobril kontaktierte ich den Express-Kurier. 20 Minuten später parkte ein Mitarbeiter vor unserer Wohnung.

»Schicker E-Roller«, sagte ich zu dem Fahrer, der in meinem Alter war. Vielleicht würde er mir einen Rabatt geben. Ich war pleite.

»Danke. Nur, schwarz mögen die wenigsten.«

»Stimmt, übersieht man schnell im Verkehr. Gelb besser?«

»Rot!«, sagte er.

Ich überreichte dem Fahrer meine Mobril-Basis und die Adresse von Jojos Eltern. Ich legte meinen Finger auf einen silbernen Kasten an seinem Lenkrad.

»Nicht notwendig«, sagte der Fahrer.

»Wieso?«, fragte ich verblüfft und rechnete mit einem Komplizen von Arne. Sie waren ja anscheinend überall.

»Schon mit den Augen bezahlt.«

»Und wie viel?«

»Hat das die Mobril nicht angezeigt?«

»Keine Ahnung, ich hab mich auf den Roller konzentriert.«

Er fuhr davon, und ich betrat mein Zimmer. Der Animator schaltete sich für eine Anzeige von Techmix ein. Im Gegensatz zum Mobril-Werbevertrag hatte ich hier bisher nicht eine einzige Verwarnung.

Ein roter E-Roller sauste in mein Zimmer. Das Metall funkelte, und es roch nach Waschmittel.

»Der optimale Einsitzer für Singles!«, sagte der stets gutgelaunte Händler für Elektrofahrzeuge aus dem 8. Quartier. Er schob den E-Roller beiseite. »Sie fahren zu häufig Taxi, Rob! Mit diesem E-Roller können Sie viel Geld sparen. Und Sie ...«

Weiter kam der Verkäufer nicht. Ich packte den Animator mit beiden Händen, zog ihn so weit durch den Raum, bis das Kabel riss. Mit voller Wucht warf ich ihn gegen die Wand. 154 Monatsraten bevor er mir gehören sollte, hatte ich ihn zerstört.

Meine Mobril vibrierte.

»Mobril. Kontaktversuch. Techmix«, sagte die sanfte Stimme.

»Annehmen!«

»Haaaalloooo, hier ist die Techmix-Kundenzentrale«, sang ein Mitarbeiter fröhlich. »Uns liegt eine Fehlermeldung vor.«

Ich blickte mit der Mobril auf das, was vom Animator übrig war. Und sagte nichts.

Der Techmix-Mann schien langsam zu verstehen, dass der Schrotthaufen auf meinem Boden noch vor kurzer Zeit ein Techmix-Animator gewesen war.

Ernst setzte er das Kundengespräch fort. »Das sieht nach einem Totalausfall aus. Was ist mit dem Animator geschehen? Wie können wir Ihnen behilflich sein?«

Ich warf die Mobril auf den Boden, lief ins Badezimmer, ließ kaltes Wasser ins Waschbecken laufen und tauchte meinen Kopf bis über die Ohren hinein. Mobril hin, Animator her. Wozu das alles? Ohne Jojo war das alles nichts. Alles war falsch! Ich tauchte auf und holte tief Luft.

Wasser lief über das Waschbecken und verteilte sich im Bad. Eine Minute später weichte es den Kunststoffboden in meinem Zimmer auf. Ein Techmix-Sensor löste ein grelles Pfeifen aus.

Techmix wurde über unsere Mobril-Haus-Basis gesteuert. Ich wollte gerade in die Technikkammer im Erdgeschoss gehen, als meine Mobril das Pfeifen übertönte. Die Brille passte sich mit der Lautstärke ihrem Umfeld an. Eigentlich praktisch, aber heute nervte es.

»Mobril. Kontaktversuch. Unbekannter Teilnehmer.«

Keiner von Techmix, so viel stand fest. Ich wollte die Mobril nie wieder anrühren, das hatte ich mir mit dem Kopf unter dem kaltem Wasser geschworen. Aber die Neugier siegte. Wie immer.

Ich sah ein Zimmer voller Technikkram. Es sah ähnlich aus wie bei Jojo. Ich hörte eine Frau, vielleicht in meinem Alter, die gegen das Techmix-Pfeifen anschrie.

»Spreche ich mit Rob?«

Ich schwieg. Sie fuhr mit gleicher Lautstärke fort.

»Wir haben uns noch nie gesprochen. Jojo hatte mir mal dein Ultranetz-Profil gezeigt.«

»Wer bist du?«, fragte ich.

»Melli.«

Meine Stimme versagte, und ich hatte einen Kloß im Hals.

»Erreiche Jojo nicht und mach mir Sorgen.«

Ich weinte schon wieder. Aber sie hörte es offenbar nicht.

»Ist etwas Dummes passiert. Ein Problem mit meiner Mobril-Basis. Der hat private Filme an alle Mobril-Kontakte verschickt. Darunter war ein bestimmter Film. Also das war vor zwei Jahren. Mit meinem Ex-Freund. Vor meiner Zeit mit Jojo. Sag mal, weinst du?«

Ich bekam keine Antwort heraus.

»Das mit dem Film ist mir superpeinlich. Nicht dass Jojo denkt …«

Ich zog mir die Mobril vom Gesicht und schleuderte sie in Richtung Waschbecken. Sie flog gegen den Türrahmen und landete auf dem nassen Boden vor dem Badezimmer.

»Water Man 25 – Mich gibt's überall auf Ultranetz«, schrie Water Man gegen das Pfeifen an.

Die Brille hielt einiges aus. Das wusste ich. Aber nicht alles. Ich presste sie auf den Boden des vollen Waschbeckens. Ich wartete. Holte sie raus. Water Man war endlich sprachlos. Ich warf sie noch mal auf den harten Boden. Immer wieder. Bis nur noch ein Dutzend Einzelteile dort lagen. Ich hob sie alle auf. Schaute mich im Badezimmer um und spülte sie die Toilette runter.

Ich riss in meinem Zimmer und im Bad die Techmix-Sensoren aus dem Boden und den Wänden. Ich zog die Boxen samt Schrauben aus der Decke. Der Signalton verstummte trotzdem nicht. Mir war schwindelig. Bilder und Stimmen rasten durch meinen Kopf. Ich dachte, ich würde umkippen und nie wieder aufstehen.

So ein Unsinn, sagte ich mir.

Und dann – fiel ich tatsächlich einfach um.

Es war der zweite Umfaller meines Lebens. Und wie ich so dalag, träumte ich von Jojo und meinem ersten Umfaller. Jojo und ich hatten in der Oase seinen Geburtstag gefeiert. Damals lief ein richtiger Schocker in den Interactive-Movie-Halls.

Wir stürzten mit dem Solar-Gleiter ab. Weit außerhalb der Stadt in den verseuchten Gebieten. Fiese Monster wuchsen dort heran. Gegen die mussten wir kämpfen. Beim Endgegner verlor ich Jojo aus den Augen, und die Schlangenköpfe eines mutierten Wolfes umzingelten mich. Ich schoss wie wild mit der E-Pistole um mich, hatte aber keine Chance.

»Exit«, schrie ich immer wieder. Die Animation hörte aber nicht auf. Irgendein Fehler. Kein Mitarbeiter der Oase kam und half mir dabei, den Anzug auszuziehen und den schweren Mobril-Intensiv-Helm abzunehmen. Die Animation lief weiter.

Die E-Pistole fiel mir aus der Hand, und ich spürte überall die Schlangenbisse. Elektroschock für Elektroschock. Und ich lernte, dass selbst ein ganz sanfter Elektroschock nach hundertfacher Wiederholung gewaltig schmerzt.

Unfähig, mir die Brille vom Kopf zu reißen, schloss ich die Augen und fiel ohnmächtig auf den Boden. Ein Mitarbeiter der Oase und Jojo kamen am Ende der Animation in den Raum. Sie entdeckten mich auf dem Boden. Ich lag reglos im eigenen Urin. Jojo und ich sprachen nie wieder darüber. Bei allen kommenden Animationen verlangte ich von den Mitarbeitern immer zuerst einen Exit-Test.

Exit hätte ich auch gern an diesem Abend in meinem überschwemmten Zimmer gerufen. Aber das war kein Film. Das war mein Leben, das da gerade außer Kontrolle geriet. Ich musste mit jemandem reden. Aber mit wem? Mein Vater erholte sich von seiner Nachtschicht und schlief. Er hätte sowieso nicht zugehört.

Ich klopfte bei meiner Mutter an die Tür ihrer Arbeitsbox. Keine Reaktion. Ich trat trotzdem in die winzige Kammer. Sie sprach mit einem Kollegen über irgendeinen Auftrag.

»... im Meeting hieß es klar, wir rufen den Consultant ...«

Sie wusste noch nichts von Jojos Tod. Ich wartete. Sie redete weiter.

»Jojo ist tot«, sagte ich in ihre Besprechung hinein.

Sie schaute kurz auf, schüttelte den Kopf. »Nicht jetzt!«

Ich drehte mich um.

»Es piepst furchtbar aus deinem Zimmer. Das nervt!«, sagte sie, und ich verließ ihr Büro.

Ohne ein weiteres Wort.

In der Technikkammer deaktivierte ich den Warnton mit zwei kräftigen Tritten gegen die Mobril-Haus-Basis.

Ich musste endlich in die C-Zone, ins Seniorenlager Ost-Hafen. In den geheimen Räumen irgendwo hinter dem Café waren die Leute, mit denen ich sprechen konnte, wenn ich nicht total verrückt werden wollte.

Um zwölf Uhr sollte laut Nomos irgendetwas passieren, von dem ich keine Ahnung hatte. Arne wusste sicher, was

Ultranetz vorhatte. Obwohl ich stark daran zweifelte, ob er mir nur einen Bruchteil davon anvertrauen würde. Ein Versuch war es wert.

Jojo war tot.

Ich war nur noch die Hälfte.

DER LADEN

Thomas empfing mich am anderen Ende der Leiter. Ich mochte den gemütlichen Alten inzwischen irgendwie.

»Genau richtig zur Abschiedsparty«, sagte er.

»Wieso Abschied?«

Thomas antwortete nicht. Er führte mich mit der Taschenlampe durch die dunklen Gänge ins Lager. Ich hatte mich an die Geheimniskrämerei der Büchergilde gewöhnt.

Ich erkannte den Raum nicht wieder. Etwa 30 Leute standen und saßen um einen gedeckten Tisch. Irgendwie schien jeder etwas mitgebracht zu haben. Ich überreichte Thomas die drei Schokoladentorten. Der Kellner, der mich dieses Mal ausgeschlafen im Seniorenlager Ost-Hafen empfangen hatte, wollte sie nicht annehmen. Er hatte mich gleich zu der Leiter in der Toilette geschickt.

Kerzen flackerten. Sie machten den kahlen Raum gemütlich. Fanni und meine alte Professorin sah ich nirgends. Ich war enttäuscht, Fanni hätte ich heute wirklich gebraucht. Sicher hätte sie ihre Hand auf meine gelegt. Auch wenn nur aus Mitleid. Sie wusste, was Jojo für mich bedeutet hatte.

Ich entdeckte Arne. Er diskutierte heftig mit zwei Typen in meinem Alter. Für einen kurzen Augenblick fühlte ich so was wie Neid. Keiner drehte sich nach mir um. Alle waren in irgendein Gespräch vertieft. Natürlich blinkte keine Mobril. Und natürlich war ich der Einzige mit einer Glatze.

Thomas schaute mir ins Gesicht. »Dir ist nicht nach Party!«
Ich sagte nichts, und das reichte ihm als Antwort.

»Komm mal mit«, sagte er und hakte sich bei mir ein. Er
führte mich zu einer Tür. Ich war ihm unendlich dankbar.
Weder nach Gesellschaft noch nach einer Feier war mir zu-
mute. Der einzige Grund, wieso ich überhaupt an diesem
Abend noch zu Arne wollte, war diese Zwölf-Uhr-Sache.
Und wegen einer Versöhnung mit Fanni natürlich.

Thomas führte mich in einen dunklen Nachbarraum. Er
ließ mich alleine und schloss leise die Tür. Ich wartete und
hörte die vielen unterschiedlichen Stimmen von nebenan.
Ich atmete langsam tief ein.

Die Tür öffnete sich kurz. Ich drehte mich nicht um. Ich
spürte einen Arm auf meiner Schulter. Fanni?

»Das mit Jojo tut mir unendlich leid«, sagte Arne.

Es war auch okay, *seine* Stimme zu hören.

»Vor zwei Stunden gab es die erste Meldung über das
Schicksal deines Freundes auf Ultra-News«, sagte Arne.

»Was sagen sie?«

»Freundin geht fremd – junger Mann begeht Selbstmord.«

»Der Film von Melli war zwei Jahre alt. Es gab ein Problem
mit ihrer Mobril-Basis. Und Jojo würde nie ...«

Ich stockte und weinte. Seitdem mir Arne im Metro-Gleiter begegnet war, heulte ich am laufenden Band.

»Darüber wird nie etwas auf Ultranetz stehen«, sagte Arne.
»Kein kritisches Wort über Ultranetz, über die Mobril,
über Techmix, über die Scan AG. So lauten die ungeschrie-
benen Gesetze des Konzerns.«

»Schon klar«, sagte ich, obwohl gar nichts klar war.

»Da ist noch etwas.«

Ich wollte es eigentlich nicht wissen. Ich wollte nur noch Fanni sehen, sie umarmen und weiter weinen.

»Laut Ultra-News arbeitete Jojo nicht nur als Buchagent für die Scan AG.«

»Sondern?«

»Er soll als Mitglied der Büchergilde den E-Anschlag vorbereitet haben.«

Sekunden vergingen.

»War er bei euch?«, fragte ich. Ich hielt mittlerweile alles für möglich.

»Wir haben keinen Anschlag ausgeführt. Und Jojo war nie bei uns.«

Ich starrte in die Dunkelheit. Die Schlagzeilen schwirrten durch meinen Kopf. Jojo, der Terrorist. Unglaublich. Sicher hatten Jojos Eltern sie schon gesehen. Die Armen fragten sich bestimmt, was da gerade über sie hereinbrach. Die Ultra-News logen also einfach?

Keine Plattform fand mehr Besucher, wenn es um Nachrichten ging.

»Ultra-News hat mit ihren Gratisinformationen alle Magazine und Zeitungen abgelöst, die früher auf Papier erschienen waren«, hatte mir damals meine Professorin im Altwissen-Seminar erklärt. Das Thema stand nicht auf dem Studienplan. Sie erzählte trotzdem davon.

Die Kurzfassung: Gedruckte Exemplare fanden zu wenig Leser. Für die Ultranetz-Ausgaben dieser Medien wollte aber keiner Geld bezahlen. Ultranetz ist frei! Frei bedeutete kostenlos und für Zeitungen das Aus.

Meine Eltern hatten noch ein paar alte Ausgaben einer Tageszeitung in einer Schachtel in der Technikkammer. Mein

Vater hatte mir die vergilbten Seiten überlassen, als ich als Buchagent angefangen hatte. Ich hatte sie Nomos gegeben. Er leitete sie an die Abteilung der Zeitungsagenten weiter. Mit der Prämie tilgten wir zu Hause zwei Raten für die neue Aromazelle.

Ich weiß noch genau, was ich beim Blick auf die alten Zeitungsseiten gedacht habe: Wer hatte sich bloß so viel Text auf einmal freiwillig angetan? Und das täglich! Dafür hatten Leute Geld ausgegeben? Kein Wunder, dass die Verlage pleitegegangen waren.

Arne und ich standen noch ein paar Minuten wortlos in der Dunkelheit. Ich versuchte, aus dem Stimmengewirr Fanni herauszuhören.

»Was hat es mit dem großen Knall auf sich?«, fragte ich.

»Manche von uns riskieren ihr Leben, damit wir einen Einblick in die Pläne von Ultranetz bekommen«, sagte Arne. Und ich wusste, dass Nachfragen zwecklos war.

»Hast du Lust auf einen kleinen Rundgang durch meinen Laden? Das würde dich ablenken.«

»Was verkaufst du?«, fragte ich.

Arne schaltete das Licht an. Wir standen in einem hallengroßen, verwinkelten, vielleicht fünf Meter hohen Raum. Überall um uns herum standen Bücherregale, die vom Boden bis zur Decke reichten. Sie waren bis auf den letzten Zentimeter gefüllt. Die Scan AG würde ein Vermögen dafür bezahlen! Ich schämte mich ein wenig für diesen Gedanken und behielt ihn für mich.

»Früher hatte ich einen der bekanntesten Buchläden im 1. Quartier der A-Zone«, sagte Arne.

»Du warst Buchhändler?«

»Vor dem Krieg hatte ich einen Laden in meiner Heimat-
stadt im Süden. Dann erzählten mir immer mehr Kunden,
es gebe alles kostenlos auf Ultranetz. Andere blieben mir
treu. Bis heute.«

»Alles Wissen für alle! Jederzeit! Kostenlos!«, sagte ich,
ohne darüber nachzudenken. So hatte ich es nun mal ab-
gespeichert.

»Bücher verkaufe ich keine mehr, es werden ja keine mehr
gedruckt. Ich verleihe sie. Du stehst in der letzten Bibliothek der Stadt.«

»Einer geheimen Bibliothek?«

Ich lief eines der Regale ab, ein Finger wanderte dabei
über die Buchrücken. Kein *Mzzzp*. Sie schwiegen. Waren
stumm. Oder sprachen sie nur nicht mit mir? Schließlich
war ich der Buchjäger.

»Die Scan AG ist in ihren Methoden rabiater geworden.
Daher ist es besser, wenn wir Leser unter uns bleiben.«

Ich fühlte mich von Arnes *wir Leser* nicht angesprochen.
Ich hatte noch nie in meinem Leben ein Buch gelesen. We-
der in gedruckter Fassung noch auf Ultranetz. Ich war ein
Scanner, kein Leser. Aber das Geheimnisvolle an diesem
Ort faszinierte mich.

Arne erklärte mir mit ausgestreckten Armen den Aufbau
seines Lagers. »Auf dieser Etage sind die Sachbücher.« Wir
stiegen eine Wendeltreppe hinab. »Und hier die Romane.«
Arnes Sammlung konnte es problemlos mit dem Bestand
der Quartiersbibliothek aufnehmen, die ich mit Jojo weggescannt hatte – der letzten Bibliothek, wie ich damals
dachte.

Bei den Romanen angekommen, zuckte ich kurz zusammen. Gleich neben der Treppe saß eine alte Frau mit grauen Locken auf einem braunen Ledersessel. Nie hätte ich hier unten jemanden erwartet. Ein Stapel Bücher reichte vom Boden bis über ihren Kopf hinaus. Ein schwaches Licht brannte auf dem Tisch vor ihr.

»Linda! Du hast uns erschreckt!«

Die Frau reagierte auf Arnes Satz mit einem Lächeln und widmete sich weiter der Lektüre.

»Lass uns bei B anfangen. Linda möchte ungern gestört werden, und sie hat schon mehr gelesen, als du in diesen Räumen siehst.«

Arnes nächste Unterrichtsstunde, befürchtete ich. Und ich hatte recht. Arne rollte eine Leiter heran, die an einer Schiene am Regal befestigt war. Er zeigte weit nach oben. Ich kletterte zum Buchstaben B. Zwischen manchen Büchern schauten Plastikkarten heraus. Auf denen sah ich Fotos und ein paar Zeilen Text.

Auf jedem der Bilder entdeckte ich Arnes Gesicht. Er war viel jünger, die langen, grauen Haare waren schwarz. Auf jedem Foto stand Arne neben einer Frau oder einem Mann. Daneben hatte jemand von Hand das Datum und den Hinweis *Lesung bei der Büchergilde* geschrieben.

»Das sind die Autoren, die früher in meiner Buchhandlung aus ihren Werken vorgelesen haben«, sagte Arne. »Selbst als ich das Geschäft offiziell geschlossen hatte, hab ich noch Lesungen veranstaltet. Bis vor zwei, drei Jahren. Irgendwann war es mir zu gefährlich.«

Ich suchte nach bekannten Gesichtern auf den Fotos. Aber ich erkannte keinen der Autoren. Es war niemand dabei, den mein Animator ins Zimmer projizierte.

»Bradbury«, rief Arne von unten und erinnerte mich daran, dass ich nicht zum Bilderanschauen auf die Leiter geklettert war.

»*Fahrenheit 451*«, fügte er hinzu. Ich zog das Buch heraus.

»Die Feuerwehr löscht keine Brände«, erklärte Arne, »sie verbrennt Bücher. Doch ein Feuerwehrmann beginnt, sich für die Bücher zu interessieren, die er zerstört.«

Wir liefen weiter und blieben beim Buchstaben H stehen. Dieses Mal brauchte ich keine Leiter.

»*Schöne neue Welt* von Huxley«, sagte Arne und strahlte.

Ich verstand nicht, wieso. Ich suchte das Buch und übergab es ihm. Wir mussten um zwei weitere Ecken gehen und tief in den Raum vordringen, bis wir bei O angekommen waren.

»George Orwell, *1984*«, forderte mich Arne auf. »Der große Bruder sieht dich!« Er fügte diesem Satz nichts hinzu.

Arne setzte sich mit mir an einen Tisch und knipste eine Leselampe an. Er breitete Bradbury, Huxley und Orwell vor uns aus und schaute mich erwartungsvoll an. Ein weiteres Buch knallte auf den Tisch, die Frau mit den grauen Locken warf es aus zwei Metern Entfernung.

Selbst Arne zuckte zusammen und erschrak. Linda sah Arne vorwurfsvoll an. *Wir* stand auf dem Buchumschlag, von einem gewissen Jewgenij Samjatin verfasst.

»Den vergisst du immer!«, sagte Linda.

Arne verdrehte die Augen.

»Und die aus dem 21. Jahrhundert ignorierst du komplett!«, schimpfte die Frau weiter.

»Es geht mir doch nur ums Prinzip, ich will Rob ...«

»Was ist mit der Anti-Utopie von Shteyngart zum Beispiel, oder mit ...«

»Linda! Können wir das später ...«

»Kenne keinen dieser Autoren«, sagte ich.

Arne nickte. »Das kannst du auch nicht. Du wirst keines dieser Bücher bei Ultranetz finden!«

»Wieso?«

»Weil diese Autoren die Welt vor vielen Jahren so beschrieben haben, wie sie heute ist«, sagte Linda.

»Und weil sie genau davor gewarnt haben!«, ergänzte Arne.

Sie waren das perfekte Lehrerpaar. Unausstehliche Besserwisser.

»Und deswegen sind die Bücher nicht auf Ultranetz?«, fragte ich.

»Der Konzern zensiert Bücher, manchmal löscht er ein paar Absätze, manchmal zehn Bände auf einmal«, sagte Linda.

Ich versuchte, das alles zu verstehen. »Wenn ich also ein Buch von Bradbury scanne ...«

»... freut sich die Scan AG, dass du ihr bei der Beseitigung und Vernichtung dieses Werkes geholfen hast«, sagte Arne.

»Deine gescannten Daten werden gelöscht, und das Buch wird verheizt.«

Ganz schön harter Vorwurf. Ich hatte nie nachgeschaut. Ich fand Bücher ja belanglos. Es ging ums Geldverdienen, mehr nicht. Ich wäre nie auf die Idee gekommen, auf Ultranetz nach Autoren oder Titeln zu suchen. Wieso auch? Wenn ich etwas wissen wollte, brauchte ich keine Bücher. Ich fragte Lexi-Ultranetz und erhielt die richtige Antwort.

»An welchem Tag brach der letzte der großen Kriege aus?«

»Am 5. Dezember.«

»Wer war schuld?«

»Die Südachse.«

Ich schlug das Buch mit dem Feuerwehrmann auf. Las ein paar Zeilen, einen Dialog.

»*Wer nicht aufbaut, muss niederbrennen. Das ist eine alte Geschichte, so alt wie die Menschheit und jugendliche Verbrecher.*«

»*Ach, zu denen gehöre ich also.*«

»*Etwas davon steckt in jedem von uns.*«

Ich wollte weiterlesen. Arne zog mir das Buch aus der Hand und klappte es zu.

»Heute ist keine Zeit zum Lesen. Morgen auch nicht. Aber die Tage danach wirst du viel Zeit haben.«

Ich verstand kein Wort. Aber mir fiel der eigentliche Grund meines Besuches wieder ein. Ich erzählte Arne von der Krisensitzung bei der Scan AG. Mein Nador-Experiment klammerte ich aus. Ich schilderte das belauschte Toilettengespräch zwischen Nomos und dem Unbekannten in allen Details.

»Irgendwas soll um zwölf Uhr passieren«, schloss ich meinen Vortrag.

»Morgen. Ich weiß«, sagte Arne und führte mich zur Wendeltreppe. »Deswegen feiern wir heute Abschied.«

Er sprach wie immer in Rätseln.

Ich wollte Arne noch über Fanni ausfragen. Ich steuerte im Raum der Sachbücher zwei rote Stoffsessel an. Ich überlegte, wie ich genau fragen sollte.

»Fanni hatte vermutet, dass du kommen wirst.«

Arne konnte Gedanken lesen. Oder er kannte sich einfach mit Frauen aus.

»Echt? Und wo ist sie?«, fragte ich.

»Sie ist deswegen unserer Feier ferngeblieben.«

Ich schluckte.

»Nicht sehr fürsorglich. Du musst sie bei eurem letzten Treffen sehr verletzt haben.«

Ich erzählte Arne von unserem Gespräch. Arne verstand das Unwetter.

»Fanni wuchs bei ihrem Großvater und seinen Büchern auf. Er gründete mit uns diese Bibliothek.«

Er setzte sich auf die breite Lehne eines Sessels. Ich blieb neben ihm stehen.

»Sobald Fannis Opa von einem Todesfall hörte, kondolierte er den Hinterbliebenen und fragte nach Büchern. Das war, bevor die Scan AG Buchagenten einsetzte und Geld bezahlte. Für manche waren Bücher nicht mehr als eine Ansammlung von Altpapier. Und das viele Papier versperrte die freie Sicht auf die Projektionen des Animators.«

»Und Fanni?«

»Sie war Mitglied im geheimen Lesezirkel ihres Großvaters.«

»Wieso geheim?«, fragte ich.

»Schon mal von nervenden Buchagenten gehört?«

Ich schaute auf den Boden.

»Und den Sicherheits-Scannern, die deine Wohnung durchsuchen, sobald sie die Adresse von einem nervenden Buchagenten bekommen haben?«

»Was ist mit den Zirkellesern?«, lenkte ich ab.

»Lesezirkel! Leser jeden Alters treffen sich, sprechen über

die Bücher, die sie gerade lesen. Tauschen Bücher. Manche schreiben dort auch eigene Geschichten. Lesen sie den anderen vor.«

Wieder eine neue Welt kennengelernt. In Fannis Zirkel war auch Arne. Und so hatten sie und ihr Großvater zur Büchergilde gefunden.

Arne stand auf und ging Richtung Partyraum. »Heute ist Fanni nicht da. Ab morgen wird sie anders über dich denken.«

Thomas hatte für uns eine Tischecke freigehalten. Eine ältere Dame brachte mir einen großen Teller mit allem Möglichen. Ein Stück meiner Schokoladentorte lag neben gelben kleinen Würfeln, die nach Käse rochen.

»Wir hatten schon das Vergnügen«, sagte die Dame und setzte sich zu uns.

Das konnte nur die Buchagentin sein. Von meinem ersten Büchergilden-Gespräch im geheimen Keller.

Arne wartete, bis das letzte Stückchen auf meinem Teller verschwunden war. Er rief jemanden herbei, der in meinem Alter war. Er hatte auch eine Glatze, war mir vorher aber nicht aufgefallen. Arne stellte uns einander nicht vor. Das übliche geheimnisvolle Getue eben.

Arne flüsterte ihm ins Ohr. Der Glatzkopf antwortete sehr lange und leise. Arne dachte kurz nach und klärte mich auf. Wobei ich nicht sicher war, ob nicht auch Arne, so wie Ultranetz, manchmal zensierte.

»Dein Konzern ist gerade sehr mit dem morgigen Tag beschäftigt. Doch die Sicherheits-Scanner sehen in dir eine Gefahr. Sie glauben, du willst zu uns übertreten.«

»Die kommen auf komische Gedanken«, sagte ich.

Arne lachte, ich meinte es ernst.

»Sie wollen dich morgen von zu Hause abholen«, sagte Arne.

»Abholen?«, fragte ich.

»Offiziell wirst du ein Büchergilden-Terrorist sein. Das soll live auf Ultranetz gezeigt werden.« Arne schaute zum Glatzkopf.

»Also wirst du wahrscheinlich um elf Uhr vormittags verhaftet werden«, ergänzte der.

»Verhaftet werden?«

Der Glatzkopf nickte. »Nach *Wer wird A-Zonler?* und den Sportnachrichten. Da schauen viele zu, das erregt Aufsehen. Und vor zwölf muss es ja sowieso geschehen.«

»Vor zwölf?«, fragte ich.

Der Glatzkopf sprach von meiner Verhaftung und meiner Zukunft als Gefängnisinsasse so, als wäre es das Normalste der Welt.

»Du wirst morgen früh nach Jojos Beisetzung nicht mehr zu deinen Eltern fahren«, sagte Arne in dem gleichen ruhigen Ton.

»Ach so. Und wohin soll ich bitte fahren?«, fragte ich aufgekratzt.

Schon wieder fing Arne an, Entscheidungen zu treffen, die in meinen Händen liegen sollten.

»Du bist morgen zwölf Uhr im Seniorenheim Sonnenblick. C-Zone, 20. Quartier. Von dort nutzt du das große Chaos und kommst zu unserer Basis.«

»Dachte, das hier ist die Basis.«

Arne schmunzelte.

»Vielleicht würde ich aber gerne bei meinen Eltern bleiben und mich von den Sicherheits-Scannern verhaften lassen.«

»Das willst du nicht. Du hast keine Vorstellung, wie schmerzhaft eine Mobril-Folter ist. Sie nennen dich ab morgen einen Terroristen. Da erlaubt die Zonenregierung alles.«

Daran zweifelte ich nicht. Zumindest nicht mehr.

Wir verabschiedeten uns sehr spät mit einer festen Umarmung. Ich musste an den Vormittag und Jojos Eltern denken, wie wir uns nicht mehr loslassen wollten.

Arne entließ mich in die Dunkelheit wieder mal mit einem Geheimnis.

»Bist du tierlieb?«, fragte er. »Wenn nicht, werde es besser bis morgen, zwölf Uhr.«

DER ABSCHIED

Alles, was von Jojo blieb, passte in eine Schublade. Und die war kleiner als eine Mobril-Brillenbox. Ich wartete mit Jojos Eltern vor diesem Kästchen im 14. Untergeschoss der Beisetzungshalle. Am Haupteingang hatte ich meinen Finger auf die Tür gedrückt. Ich erhielt Einlass und die Wegbeschreibung.

Im 14. Untergeschoss angekommen, lief ich an Tausenden beschrifteten Schubladen vorbei. Ich musste bei diesem unterirdischen Labyrinth an die Rikscha-Fahrt durch die engen Gassen der C-Zone denken. Hier unten hatte ich nur die sanfte Stimme des Navigators im Ohr. Er führte mich durch die Gänge.

»Jetzt links abbiegen und bitte kurz warten!«

Zwei weitere Beisetzungen fanden auf meinem Weg statt. Da konnte ich nicht vorbei, der Weg war zu eng. Doch die Beisetzungen waren kurz. Fünf Minuten durften sie dauern, keine Sekunde länger.

»Bitte zügig weiter. Noch 20 Schritte.«

Ich zählte bis 15, machte zu große Schritte offenbar.

»Sie haben Ihr Ziel erreicht!«, sagte der Navigator.

Wir warteten auf die Geistliche. Wir sprachen nicht über die Schlagzeilen auf Ultranetz. Kein Wort verloren wir über Jojo, den *Super-Terroristen*. Wir schwiegen uns an. Sicher hatten Jojos Eltern genauso einen Kloß im Hals wie ich.

Jojo war überhaupt nicht religiös gewesen. Seine Eltern schon eher. Sie waren nicht wirklich Juden, Christen, Muslime, Hindus, Buddhisten oder sonst etwas, sondern eine Mischung aus all dem. Im 14. Untergeschoss konnte für ihren Glaubensmix das Passende gebucht werden.

9.14 Uhr, eine Minute vor Beginn der Beisetzung, stand die Geistliche vor uns. Sie war vielleicht Mitte 40, überragte mich um zwei Köpfe, hatte eine Narbe über dem rechten Auge und natürlich eine Glatze. Sie trug ein gelbes Kleid mit handbreiten, lila Streifen ohne Aufschrift oder Symbole. Sie verbeugte sich tief vor uns. Sie zog Jojos Schublade heraus und stellte einen kleinen dunkelroten Buddha auf die Asche. Der streckte die Arme ausladend von sich und strahlte über beide Wangen.

Die Geistliche las eine Stelle aus der Tora vor.

30 Sekunden.

Rezitierte drei Verse aus dem Koran.

Eine Minute.

Sprach kurz von Jesus' Kreuzigung.

Eine Minute und 30 Sekunden.

Erzählte stichwortartig von der Lehre des Karma.

Die ersten zwei Minuten waren vorbei.

Ein Animator klappte aus der Decke über uns.

Mzzzp.

Jojo auf dem Arm seiner Mutter als Baby. Es roch nach Babyöl im dunklen Flur.

Schnitt.

Erster Schultag mit lautem Kreischen auf dem Schulhof. Überall vor den Schubladen der Duft von Popcorn und Orangensaft.

Schnitt.

Jahresurlaub im Ferienressort (Parkhalle Sonne & Strand). Eine sanfte Brise wehte uns entgegen. Ich schmeckte Salz auf den Lippen.

Schnitt.

Abschlussfeier der Uni. Sektkorken knallten.

Schnitt.

Wir beide als Buchagenten.

Schnitt.

Der Animator verstummte.

20 Sekunden sollten wir schweigen und Jojos gedenken. 40 Sekunden blieben für Worte, die wir an ihn richten wollten. Die Eltern hatten etwas geplant.

»Mobril. Rede. Jojo«, sagte der Vater mit zitternder Stimme. Irgendetwas klappte nicht.

»Mobril. Rede. Jojo.«

Inzwischen weinte er.

Die Mobril behielt die Rede für sich. Ich tippte auf Probleme mit der Stimmerkennung. Jojos Eltern hatten noch die dritte Mobril-Generation. Das durfte doch alles nicht wahr sein. Ich hatte überhaupt nichts geplant, wusste aber, was ich Jojo noch sagen wollte.

Ich glaubte gar nicht an so etwas. Also an ein weiteres Leben nach dem Tod. Ohne alles. Ohne Ultranetz.

»Was ich heute mache, mache ich auch für dich. Die Ultra-News lügen. Das weiß ich. Ich werde …«

»Zeremonie beendet«, unterbrach mich die Geistliche. Sie verwies auf die nächste Beisetzung im Gang B.

»Bitte kurz festhalten«, sagte sie und übergab mir den Buddha. Er hatte Aschestaub an den Füßen. Sie presste mit

beiden Händen die Schublade in die Wand. Zur Versiege-
lung schloss sie die kleine Grabstätte mit einem silbernen
Plastikschlüssel ab.

Die Geistliche verbeugte sich vor uns. Jojos Vater drückte den Finger auf ihren mobilen Zahlungsempfänger und
sie schritt davon. Wir starrten zu dritt auf die Schublade.
Ich senkte den Kopf und entdeckte den Buddha in meiner
Hand. Ich holte die Geistliche schnell ein.

»Sie haben Ihren Buddha vergessen.«

Sie umschloss meine Hand und den Buddha mit ihren
langen Fingern.

»Behalte ihn. Du wirst einen Glücksbringer brauchen.«
Ich wunderte mich über die Antwort, aber sie hatte recht.
Ich wollte zurück zu Jojos Eltern. Die Geistliche hielt mich
und meinen Buddha noch fest umschlossen.

»Ich weiß nicht, was du vorhast, aber wollen wir beten?«

»Also ehrlich gesagt, bin ich nicht ... also ich glaube
nicht ... also wirklich nicht an so ...«

Ich spürte ihre Hand auf meinem Kopf und verstummte.
Sie verwendete eine Sprache, die ich noch nie gehört hatte.

»K-33«, flüsterte sie zum Schluss in mein Ohr.

Ich war mir nicht sicher, ob das die Nummer eines Verses
sein sollte. Ich nickte fromm, wollte gehen, doch sie hielt
mich fest.

»K-33«, sagte sie noch einmal ganz leise.

Die vielen Jahre in diesen unterirdischen Räumen hatten
ihr offensichtlich nicht gutgetan.

Ich lief zu Jojos Eltern. Seine Mutter nahm mich an der
Hand. Sie wollte raus aus dem stickigen Gebäude. Der
Aufzug brachte uns an die Oberfläche. Jojos Vater erkun-

digte sich am Ausgang bei einer Animation über die Besuchszeiten.

Er ließ sich von einer rundlichen Frau in weißem Gewand belehren. Kurz vor der gläsernen Schiebetür blieb ich stehen. Ich sah drei Männer in olivgrünen Uniformen vor dem Ausgang stehen. Zwischen den Brusttaschen waren vier Buchstaben aufgedruckt: SAIV.

Mir fiel der Buddha aus der Hand. Die Abteilung für *Sabotagen-Abwehr und Informations-Verteidigung*. Die Sicherheits-Scanner! Sie wollten rein, aber irgendetwas klappte nicht.

»Den Herren helfen wir mal lieber«, sagte Jojos Mutter, hob den Buddha auf und reichte ihn mir.

Ich zog sie weg von der Tür.

»Das ist jetzt zu kompliziert. Ich kann das nicht erklären, aber später ...«

Einer der Uniformierten sah mich durch das Glas und schrie etwas. Ich rannte in den Lift. Die Tür schloss sich so behutsam wie in einer Beisetzungshalle angebracht. Zwei der Männer traten das Glas mit ihren schwarzen Stiefeln ein und rannten auf mich zu. Ein paar Meter bevor sie den Lift erreichten, rauschte ich ins 14. Untergeschoss.

Ich hatte, ohne zu überlegen, Jojos Etage gewählt. Ich schaute durch die verglaste Lifttür auf endlose Gänge voller Schubladen. Etage für Etage.

Arne hatte unrecht. Von wegen die Sicherheits-Scanner würden mich nach Jojos Beisetzung von zu Hause abholen. Zur besten Sendezeit nach *Wer wird A-Zonler?*. Was machten diese Typen jetzt schon hier? Ganz ohne Live-Übertragung?

Jemanden von der Beisetzungshalle abzuholen war sicher nicht gut für das Image von Ultranetz. Andererseits, wer weiß, was Ultranetz wirklich darüber berichten würde.

Die Lifttür öffnete sich.

A, B, C …, stand in leuchtenden Buchstaben mit Pfeilen an der Wand. Beim Gang *F* blieb ich vor einer animierten Karte stehen und hoffte auf einen Hinweis, der mich zu einem anderen Ausgang bringen würde.

Ein greller Text blinkte über der Karte auf.

Liebe Trauernde, morgen ist aus technischen Gründen keine Übertragung Ihrer Trauerfeier auf Ultranetz möglich. Wir bitten Sie, dies zu entschuldigen. An allen anderen Tagen wird alles wie gewohnt selbstverständlich kostenlos auf Ultranetz ausgestrahlt.

Das hatte ich noch nie gehört. Woher auch? Ich besuchte zum ersten Mal eine Beisetzung.

Schreie hinter mir rissen mich von dem Schild los. »Waffen aktivieren. Schießbefehl!« Sie hatten offenbar beschlossen, dass meine Verhaftung nicht reichte. Sie wollten mich töten. Ich rannte wie noch nie, hörte kräftige Schritte, die mir folgten. Sie trieben mich an, bis ich kaum noch Luft bekam. Ich Idiot, ich Idiot, ich Idiot! Mehr ging mir nicht durch den Kopf. Ich hatte bei Jojos Beisetzung meinen Konzern kritisiert, und das alles live auf Ultranetz. Und da Jojo laut Ultra-News der *Super-Terrorist* war, schauten mir vermutlich Tausende zu.

Klar mussten das die Sicherheits-Scanner unterbinden! Sie verfolgten mich vermutlich schon seit den Morgenstunden. Und der Befehl: »Eingreifen, wenn Rob politisch wird! Sonst bis zur besten Sendezeit warten.«

Vor mir blinkte ein Pfeil zum *K*-Flur. *K* wie *K*-Flur! Mir fiel die Geistliche mit ihrem zugeflüsterten *K-33* ein. Ich suchte die Türen und Abzweigungen nach Zahlen ab. Über einer Schiebetür entdeckte ich die 33. Und einen kleinen Glaskasten mit pink leuchtender Schrift daneben. *Notausgang. Im Brandfall Scheibe einschlagen und mit Finger Alarm auslösen.*

Bis zu diesem Tag hätte ich an die Kosten gedacht, die so ein Fehlalarm verursachen würde. Nun war alles egal. Ich schlug mit dem Buddha wie ein Wahnsinniger auf die Scheibe ein.

»Sie wollen einen Alarm auslösen?«, fragte mich eine sanfte Stimme.

»Jaaaaaa.«

»Die Rauchmelder geben Entwarnung. Sie wollen dennoch einen Alarm auslösen?«

»Jaaaa doch.«

»Sind Sie ganz sicher, dass Sie einen Alarm auslösen wollen? Der Missbrauch ist strafbar!«

Ein 40 Paragraphen umfassender Text flackerte neben dem Schalter auf.

»Stimmen Sie zu?«, fragte mich die Stimme.

Ich schrie ein letztes »Jaaaaa«.

»Bitte verlassen Sie ruhig, aber umgehend das Gebäude«, dröhnte es aus den Boxen im *K*-Flur. Und vermutlich überall sonst in der Beisetzungshalle.

Die Ansage wiederholte sich, und die Tür glitt endlich auf. Ich fand mich in einem Treppenhaus wieder, und Hunderte Stufen führten schräg nach oben. 14 Etagen erwarteten mich. So viel war klar.

Irgendwo zwischendurch machte ich eine Pause. Ich setzte mich hustend auf den Boden. Von den Sicherheits-Scannern hörte ich nichts. Waren sie mir gar nicht ins Treppenhaus gefolgt? Gab es mehrere Türen, die sich mit dem Brandalarm öffneten? Hatte die Geistliche ihnen den falschen Weg gewiesen? Sie hatte verstanden, wie gefährlich meine kurze Trauerrede war. Im Gegensatz zu mir.

Die Tür am Ausgang stand offen. Meine Augen brannten vom Schweiß, und die Helligkeit machte mich fast blind. Ich setzte mich auf den betonierten Boden und hielt schützend die Hand vor den Kopf.

»Hey, Sie!«, rief eine kräftige Männerstimme.

Ich sprang auf und rannte zurück in das dunkle Treppenhaus. Der Mann holte mich ein und zog mich wieder Richtung Ausgang. Die Flucht war zu Ende, bevor sie richtig angefangen hatte.

»Sind Sie verletzt?«, fragte der Mann.

Das war keine typische Frage für einen Sicherheits-Scanner. Draußen angekommen, ließ er mich los, und ich erkannte seine Feuerwehr-Uniform.

»Geht es Ihnen gut?«

Ich nickte.

»Gehen Sie sofort zum Haupteingang. Dort ist der Sammelpunkt.«

Als ich aus seinem Blickfeld verschwunden war, rannte ich auf einen Zaun zu. Kletterte über ihn. Setzte die Flucht fort. Dafür hatte ich einen guten Grund. Der Feuerwehrmann trug eine Mobril.

Ich hielt einen Taxifahrer an. Dass ich nicht mit dem Finger zahlen sollte, fiel mir erst auf dem Beifahrersitz ein. Und Bargeld hatte ich wie immer nicht bei mir.

»Das klingt jetzt komisch ...«, begann ich meine Frage.

Der Taxifahrer drehte sich ziemlich genervt zu mir um.

»... aber könnte ich Ihnen das Geld für die Fahrt später zukommen lassen?«

»Im Finanzcheck durchgefallen, oder was?«

»Schlimmer.«

Der Taxifahrer zeigte auf die verbeulte Figur, die aus meiner Faust schaute.

»Ist das Buddha?«, fragte er.

»Denke schon.«

»Find ich gut! Die Leute glauben heute an nichts mehr. Ich bring dich zur nächsten Busstation.«

»Geht auch zur übernächsten?«

Die Sicherheits-Scanner würden sicher alle umliegenden Haltestellen absuchen. Ich hatte Angst. Der Taxifahrer grinste und hielt den Finger an den Turbo-Beschleunigungs-Sensor. Er bremste an der viertnächsten Bushaltestelle.

»Die Linie fährt raus in die B-Zone. Dauert aber bestimmt 'ne Stunde.«

Ich stellte ihm meinen Buddha auf das Armaturenbrett und rannte zum E-Bus. Der gestresste Fahrer winkte mich durch. Er blickte mit seiner Mobril nicht auf meinen Scan-AG-Ausweis. Ich hatte Glück. Oben in der fünften Ebene lehnte ich den Kopf auf die Rückenlehne vor mir.

Ich musste an den Abschied von meiner Mutter am Morgen denken.

»Ich mache eine Woche Urlaub«, hatte ich ihr beim Frühstück erklärt.

Sie antwortete nicht.

»Muss nach Jojos Tod auf andere Gedanken kommen«, sagte ich.

Sie schaute durch ihre Mobril in meine Richtung. Vermutlich an mir vorbei.

»Muss mal abschalten.«

Schweigen.

Ich ließ den Werbefilm des *Premium-Ressorts unter Palmen* über den Brotersatz mit roter Paste projizieren.

»Urlaub in der Ferienhalle! Alle Aroma-Speisen inklusive. Kostenlose Mobril-Nutzung!«, rief eine Stimme.

Meine Mutter fächelte mit ihrer Hand den Geruch von Grillfleisch weg. Sie war Vegetarierin.

»Bis zu 1500 deiner besten Freunde mit Premium-Status sind immer dabei! Sie dürfen rund um die Uhr auf die Mobrils unserer Mitarbeiter zugreifen. Und sie erhalten so einen einmaligen Einblick hinter die Kulissen deines Traumurlaubs!«

Meine Mutter sagte weder etwas zu dem Werbefilm noch zu meinen erfundenen Ferienplänen.

Ich knallte die Tasse auf den Tisch. Heißes Wasser schwappte über, weichte den Brotersatz auf, der sich daraufhin auflöste und braune Flecken hinterließ. Sie senkte den Kopf leicht nach vorne und schaute über die Mobril-Gläser hinweg in meine Richtung.

»Wo ist deine Mobril?«, fragte sie erstaunt.

Sie hatte mir zum Geburtstag die 43. Generation geschenkt.

»Hab sie gestern die Toilette heruntergespült. Nachdem ich den Animator aus der Wandkonsole gerissen hab. Und bevor ich die Techmix-Sensoren zerstört hab.«

Sie starrte mich ein paar Sekunden an.

»Bist in letzter Zeit so textlastig«, sagte sie und verschwand in ihrer Arbeitsbox.

Ich machte den Tisch sauber.

Vielleicht erhielt meine Mutter in diesem Augenblick Besuch von den Sicherheits-Scannern. Ob sie noch wusste, was ich ihr beim Frühstück gesagt hatte? Sicher hatte sie nichts dagegen, wenn die Typen in Olivgrün unter einem billigen Vorwand mein Zimmer durchsuchten. Konnten sie machen! Ich hatte nichts hinterlassen außer E-Schrott.

Ein Blitz aus tiefen, schwarzen Wolken ließ mich vom Bussitz auffahren. Ein kräftiges Donnern brachte die Verschalung um mich herum zum Vibrieren. Draußen regnete es in Strömen. Die Reihen vor und hinter mir leerten sich. Die letzte Viertelstunde saß ich allein auf meiner Ebene.

»Endstation. B-Zone, 1. Quartier, Übergang zum Metro-Gleiter.«

Völlig durchnässt lief ich durch den Korridor des Metro-Gleiters. *11 Uhr* leuchtete auf dem Fenster, aus dem ich nach Sicherheits-Scannern Ausschau hielt. Ich hatte mir meinen nassen Pullover um den Kopf gewickelt. Keiner konnte mein Gesicht mit seiner Mobril aufzeichnen. Seltsame Typen gab es viele auf dem Weg von der B-Zone zur C-Zone. Ich fiel nicht auf.

Ich entdeckte die Kontrolleurin am Ende des Ganges. Das nächste Problem. Normalerweise ließ ich einfach meinen Ausweis der Scan AG durch ihre Mobril ziehen. Die Daten auf der Karte verglich der Prozessor mit dem, was die

Kamera der Brille sah: mein von den Sicherheits-Scannern gesuchtes Gesicht. Ich versteckte mich auf der Toilette.

»C-Zone, 16. Quartier«, sagte die sanfte Stimme.

Arne wollte mich im 20. Quartier in einem Seniorenheim treffen. In etwa 30 Minuten. Mir blieb keine Zeit, auszusteigen und auf einen Gleiter ohne Kontrollen zu warten. Ich musste es riskieren und wartete auf der Toilette. Die Kontrolleurin klopfte.

»Das ist ein Metro-Gleiter und kein Metro-Hotel«, rief sie. Ich öffnete die Tür einen Spalt und schob meinen Scan-AG-Ausweis ein paar Zentimeter in ihre Richtung.

»Tut mir leid, aber diese Metro-Gleiter machen mich fertig«, sagte ich laut und musste nicht einmal lügen. Die Frau lachte, schritt weiter und ließ meine Plastikkarte unbeachtet im Türspalt stecken.

Viertel vor zwölf saß ich an einer leeren Bar in einem grauen Betonklotz vor dem Seniorenheim Sonnenblick. Unterwegs hatte ich einen Fünfer auf dem Boden gefunden und wollte damit noch schnell etwas essen.

Der alte Mann hinter dem Tresen trug keine Mobril. Daher war meine Wahl auf diesen trostlosen Laden gefallen, mit schwarzen Wänden voller noch schwärzerer Flecken.

Ich schaute auf einen riesigen Spiegel, der unter einer altmodischen Digitaluhr hing. Ich wickelte mir den nassen Pullover vom Kopf, bestellte Kaffee und eine Suppe mit falschen Tomaten.

Das Gewitter machte mich noch nervöser, als ich ohnehin schon war. Bei jedem Donnern fuhr ich zusammen.

»Soll den ganzen Tag so weitergehen«, sagte der alte Mann. Zehn vor zwölf stellte er das heiße Wasser vor mir ab. Die

Kaffeetablette lag auf einem kleinen Plastiklöffel. Neun vor zwölf löste ich sie im Wasser auf, umschloss die Tasse mit beiden Händen.

Der Barkeeper verschwand wortlos in einer Kammer hinter dem Spiegel. Acht vor zwölf kam er mit der Suppe wieder. Vier vor zwölf war sie ausgelöffelt. Ich legte meinen Fünfer auf den Tisch. Ich wollte aufstehen. Der Animator hinter mir sprang an.

Ich drehte mich um und traute meinen Augen nicht. Die Kiste projizierte mitten in diesen Laden ein Bild von mir. Es war die Mobril-Aufnahme des Feuerwehrmannes. Im Hintergrund sah ich den Notausgang der Beisetzungs-halle.

Eine schrille Stimme drang aus den Boxen auf einem Re-gal zwischen Gläsern und Flaschen. »Achtung! Dieses Individuum ist Mitglied der terroristischen Vereinigung Büchergilde. Die Zonenregierung fahndet nach diesem Mann in Zusammenarbeit mit Ultranetz. Er ist Anführer der Terror-Zelle, die für den E-Anschlag vor zwei Tagen im 5. Quartier verantwortlich ist. Er ist bewaffnet und äußerst gewaltbereit.«

Ich bestaunte meinen Doppelgänger, wie er reglos zwi-schen schwarzer Wand und meinem Barhocker verharr-te. Ultranetz machte aus mir eine Extra-Eilmeldung, sonst wäre der Animator nicht von alleine angegangen.

Ich musste abhauen. Sofort. Ich schritt durch meine Pro-jektion hindurch zum Ausgang.

»Keine Bewegung!«, rief der alte Mann hinter der Bar.

Ich drehte mich um und sah ihn genau unter der Digital-uhr stehen. Zwei Minuten und 30 Sekunden vor zwölf. Er richtete eine grün blinkende E-Pistole auf mich. Anscheinend hatte er öfter mal unliebsame Gäste.

»Hören Sie … ich kann … ich kann alles erklären.« Ich wollte meinen Scan-AG-Ausweis aus der Hosentasche ziehen.

»Keine Bewegung!«, schrie der alte Mann noch einmal.

Die eine Hand behielt er an der Waffe. Mit der anderen griff er unter die Theke und zog sich seine Mobril über.

»Mobril. Kontakt. Polizei«

Er meldete meine Anwesenheit. Ich konnte die Polizei nicht hören, nur den Barkeeper. »Kein Problem. Ich hab eine Alpha 5000.«

Eine Minute vor zwölf. Der Mann starrte mich durch seine Mobril an. Der Animator warf neue Bilder in den Raum. Meine Aufnahme vor dem Notausgang der Beisetzungshalle löste sich auf. Ich sah mich stattdessen in der Bar vor der schwarzen Wand stehen. Der alte Mann grinste breit. Er sendete live und war sichtlich stolz darauf. Immerhin trug er zur Verhaftung eines *Super-Terroristen* bei.

Eine Moderatorin nannte die Adresse seiner Bar. »Umfahren Sie diesen Ort weiträumig«, forderte sie die Zuschauer in der C-Zone auf. »Es ist mit einem massiven Schusswechsel beim Polizeieinsatz zu rechnen.«

Ich fragte mich, mit was ich schießen sollte, und hörte die Sirenen der Polizei.

»Bitte! Lassen Sie mich gehen«, flehte ich den Mann an. »Das ist alles gelogen!«

Ich hörte mich selbst zeitversetzt aus den Boxen der Bar. Ich dachte an meine Eltern und wie sie vermutlich in diesem Augenblick vor dem Animator die Extra-Eilmeldung verfolgten. Ich musste ihnen etwas mitteilen. Eine letzte Botschaft.

30 Sekunden vor zwölf. Ich schrie in die Mobril des Barkeepers. »Ultranetz lügt! Setzt diese verdammten Brillen ab! Schaut mich an! Ich bin doch gar nicht bewaffnet ...«

Ultranetz stoppte die Ton-Übertragung. Ich hörte stattdessen wieder die Warnhinweise der Moderatorin aus den Boxen dröhnen.

Blaulicht erfüllte den Raum. Eine Armee von Polizisten musste vor der Bar eingetroffen sein. Wieso ging das alles so schnell? Die Polizei ließ sich doch in der C-Zone so gut wie nie blicken. Waren sie mir schon längst auf den Fersen gewesen? So wie die Sicherheits-Scanner?

Mein Herz raste.

Was erwartete mich? War jetzt alles vorbei?

Geboren 2010. Gestorben 2035, im Juli.

Ich schaute noch einmal zum Barkeeper. Sah die Digitaluhr über ihm.

Und die Uhrzeit änderte alles.

Wirklich alles.

DIE UHRZEIT

Die Anzeige der Digitaluhr über dem alten Mann erlosch Punkt zwölf Uhr. Die Neonröhren an der Decke der Bar platzten und verteilten Tausende kleine Splitter im Raum. Der Animator zeigte mich für zwei Sekunden nur noch in 3-D und kurz darauf gar nicht mehr. Das Blaulicht hinter den großen Fenstern war verschwunden.

Der alte Mann fluchte und zielte weiter mit der Alpha 5000 auf mich. Draußen knallten Fahrzeuge ineinander. Wir versuchten beide, etwas durch die Scheiben zu erkennen.

Jojos Satz fiel mir ein: *So eine Bombe zerhaut die Elektronik.* Das hatte er nach dem ersten Anschlag gesagt. Oder?

Die E-Pistole leuchtete nicht mehr. Ich rannte los.

Der alte Mann schrie mir hinterher. »Die kriegen dich! Die kriegen euch alle!«

Die Waffe flog über die Theke in meine Richtung, knallte gegen die schwarze Wand.

Ich hoffte auf einen Hinterausgang bei den Toiletten. Ich fand keinen und kletterte durch das Fenster raus in eine Gasse. Ich rannte durch den Regen in die Richtung, in der ich das Seniorenheim Sonnenblick vermutete. Ein Mann lag schreiend neben seinem E-Roller. Fünf junge Männer mit schwarzen Stiefeln kamen mir entgegen. Ich dachte an die Sicherheits-Scanner und wurde langsamer, suchte nach einem anderen Weg.

Die Typen blieben ein paar Meter vor mir bei einem Schaufenster stehen. Sie schauten mich grimmig an.

»Los jetzt!«, schrie einer von ihnen.

Die anderen traten die Scheiben ein und trugen Kisten mit Aroma-Tabletten raus. Keine Energie. Keine Alarmanlagen. Keine Gesetze. So einfach war das.

Ich rutschte auf einer nassen, zersprungenen Glasscheibe aus, landete auf Scherben, stand auf und stolperte weiter.

Auf einer Straße waren Fahrzeuge ineinander verkeilt. Ein Bus lag quer. Polizisten zogen einen alten Mann aus der Notöffnung. Immerhin hatten sie keine Zeit mehr für mich. Egoist, dachte ich und sah eine alte Frau, die mitten auf der Straße neben ihrem Rollstuhl saß. Sie kämmte sich seelenruhig ihre grauen, langen Haare. Mitten im Regen. Mitten im Chaos.

Ich hörte ein ohrenbetäubendes Heulen und schaute zu den dunklen Gewitterwolken. So ein grelles Geräusch hatte ich noch nie gehört. Auf einmal erkannte ich die Umrisse eines riesigen Solar-Gleiters. Der Flughafen war in der B-Zone. Diese Maschine hatte hier nichts zu suchen.

»Da! Da!«, sagte ein kleines Mädchen, das plötzlich neben mir stand. Es passte nicht in dieses Quartier mit all den alten Menschen.

»Aua!«, sagte das Mädchen, zeigte auf die alte Frau und stupste mich an.

Ich schaute zur alten Frau. Das Mädchen zog an meiner Hand, schrak zurück. Ich blutete. Komisch, ich hatte beim Sturz auf die Scheibe nichts gespürt. Ich spürte noch immer nichts. Ein Mann schloss das Mädchen in seine Arme und lief weg mit ihm. Es winkte mir hinterher.

Der Gleiter kam, setzte zur Notlandung auf der vollgestopften Straße an. Ich schaute zur alten Frau. Inzwischen hielt sie einen kleinen Spiegel vor ihr Gesicht.

Ich rannte los. Kniete mich vor sie hin, hörte, wie sie immer wieder »er will nicht mehr« sagte. Ich hievte sie auf den Rollstuhl und schob sie von der Straße. Ein paar Meter über uns heulte der Solar-Gleiter hinweg. Er setzte auf, zermalmte eine Flotte von E-Bussen, E-Autos und E-Rollern. Außer Funken, Rauch und Feuer erkannte ich nichts mehr.

Der alten Frau war das egal. Sie schlug mit der Hand auf den Motor unter dem Sitz.

»Er will nicht mehr!«

Sie kämmte sich weiter und schaute mich dabei so vorwurfsvoll an, als hätte ich ihren Rollstuhl kaputt gemacht.

»Alles funktioniert gerade nicht«, sagte ich.

»Er will nicht mehr.«

»Wo wohnen Sie? Ich bringe Sie schnell dorthin.«

»Er will nicht mehr.«

»Wo können wir ihn reparieren?«

Die alte Frau griff in ihre Handtasche und streckte mir eine Plastikkarte entgegen. »Bewohner-Nummer 3353. Seniorenheim Sonnenblick.«

Ich spürte endlich wieder so etwas wie Zuversicht. »Wie kommen wir da hin?«, fragte ich.

»Er will nicht mehr«, sagte die Frau, lehnte sich zurück und schloss die Augen.

Um uns herum wurde es noch hektischer.

»Wo ist die nächste Medizin-Station?«

»Was ist passiert?«

»Hat es auch die A-Zone erwischt?«

»Seniorenheim Sonnenblick?«, fragte ich einen Mann, der zum brennenden Solar-Gleiter lief.

Als den *Top-Terroristen* erkannte mich keiner von ihnen. Ich war der nette Senioren-Pfleger von nebenan. Und ich musste mich alleine zurechtfinden.

Ich schaute mir die Gasse an, aus der ich gekommen war, und überlegte, wo die Bar und somit das Seniorenheim sein mussten. Ich schob den Rollstuhl im Zickzack am E-Chaos vorbei.

An der ersten Kreuzung bog ich links ab und sah den Eingang der Bar. Davor standen die demolierten Polizeiwagen. Aber keine Polizisten. Ich lief über die Straße und blieb vor einem Tor mit getönten Scheiben stehen.

Ich überlegte noch, wie ich reinkommen sollte, da schob jemand von der anderen Seite langsam das dicke Glas zur Seite. Der Mann war nicht viel älter als ich. Er trug einen schwarzen Regenmantel mit gelber Aufschrift: *Sonnenblick. Luxus für die reifen Jahre.*

Er stellte sich vor die alte Frau im Rollstuhl. »Nummer 3353! Wo waren Sie bloß? Die Terroristen schlagen zu, und die gute alte 3353 geht wieder mal auf Weltreise!« Ein Pfleger legte ihr eine Packung Nador auf die Handtasche. Sie wischte die Pillen auf den Boden und holte wieder Kamm und Spiegel heraus. Der Pfleger schimpfte. Ich tat so, als ob ich irgendetwas zu sagen hätte.

»Ich glaub, ihr geht's gut, sie …«

»Anordnung der Chefin«, unterbrach mich der Pfleger. »Zweimal Nador alle zwei Stunden für jeden Bewohner. Damit die Sonne scheint, bis da draußen wieder Ruhe ist.«

Ich sagte nichts mehr.

Der Torwächter mit dem Regenmantel zeigte auf mich. »Sind Sie zufälligerweise Rob?«

Ich starrte ihn wortlos an und dachte an die Extra-Eilmeldung aus der Bar.

»Anmeldung für zwölf Uhr? Besuch Ihres Großvaters?«

»Mein Opa?«, fragte ich verwundert. Dann fiel mir Arnes Geheimniskrämerei ein.

»Ach so ... ja ... also ... wo ist er denn?«

Der Mann im Regenmantel zog eine Augenbraue nach oben. Er schüttelte den Kopf und zeigte zu einer Tür. Über ihr stand *Sonnenblick-Innenhof mit Freizeitanlage*. Bei der Tür angekommen, drehte ich mich zur alten Frau um und wollte ihr zum Abschied zuwinken.

Inzwischen standen drei Pfleger bei ihr. Zwei hielten sie fest, der dritte machte ihren Arm frei. Ich wollte nicht sehen, wie sie ihr Nador spritzten. Wütend stieß ich mit beiden Händen die Tür auf.

Der Regen hatte wieder zugenommen. Die Tropfen prasselten im Innenhof auf ein Tennisfeld. In ein Schwimmbecken. Und auf die Blätter eines hohen Plastikbaumes. Unter ihm wartete ein Mann mit langen, grauen Haaren.

»Arne!«, rief ich und rannte zu ihm. Es war nicht Arne, merkte ich ein paar Meter vor ihm. Der Mann zog aus seiner Hosentasche eine Uhr am Plastikband, so wie es Jojo und ich immer als Buchagenten gemacht hatten. Er projizierte die Uhrzeit über die Pfütze zwischen uns.

»Viertel nach zwölf, Herr Rob!«, sagte er.

»Eigentlich Herr Sonntag. Robert, also kurz Rob, ist mein Vorname. Sie können mich also gerne Rob ...«

»Nicht gerade pünktlich, Herr Sonntag«, unterbrach er mich. »15 Minuten zu spät!«

Ich konnte nicht fassen, dass er bei diesem Chaos wegen 15 Minuten einen Aufriss machte. Ich schluckte meinen Ärger runter.

»Sind Sie verletzt?«, fragte er und tastete meine Hand ab.

Als er beim Handballen angekommen war, schrie ich auf. Er nahm mich bei der Hand. Zog mich zum Schwimmbecken. Bückte sich, und ich ging in die Knie. Er hielt meine Hand ins Wasser, und ich fluchte vor Schmerz.

Die Hand war für ein paar Sekunden sauber. Ein Glassplitter, halb so groß wie der Seitenbügel einer Mobril, schaute aus ihr heraus. Mir wurde übel, ich sah das kaputte Schaufenster und die Kisten voller Aroma-Tabletten vor mir. Bevor ich etwas sagen konnte, griff der Grauhaarige zu und zog den Splitter heraus.

»Musste das jetzt sein?«, schrie ich auf.

»Damit Sie Gutenberg nicht verletzen.«

»Gutenberg? Wer zum Teufel ist Gutenberg?«

Der Grauhaarige brachte mich zu einem Gartenhaus und öffnete vorsichtig die breite Tür. Wir traten ein und blieben vor einem weißen Pferd stehen. Ich hatte noch nie ein echtes Pferd gesehen.

»Nicht Ihr Ernst, oder?«, fragte ich den Mann.

»Sie sind doch tierlieb?«

»Hat mich Arne Bergmann gestern schon gefragt.«

»Können Sie reiten?«

»Ist das ein Witz?«

Es war keiner. Gutenberg war bereits gesattelt.

»Johannes Gutenberg hat im 15. Jahrhundert den Buchdruck revolutioniert«, quatschte mich der alte Mann voll.

Ich stand ratlos vor dem Pferd.

»Herr Bergmann fand es lustig, den Hengst so zu nennen.«

»Ich weiß nicht mal, wie ich da hochkommen soll«, sagte ich.

»Da vorne ist die Senioren-Hilfe.« Er zeigte auf eine dreistufige Treppe auf Rollen hinter dem Pferd.

Ich klammerte mich am Sattel und an dem fest, was ich von Gutenberg zu fassen bekam.

»Wohin?«, fragte ich.

Der Grauhaarige klopfte Gutenberg aufs Hinterteil, und das Tier beschleunigte fast wie ein Metro-Gleiter. »Gutenberg weiß, wohin«, hörte ich den Alten weit hinter mir rufen.

Der Hengst galoppierte von einem Innenhof zum nächsten.

»Anhalten«, schrie irgendjemand.

Selbst wenn ich es gewollt hätte, ich wusste nicht, wie.

Ich schloss die Augen. Mein einziges Ziel bestand darin, nicht herunterzufallen. Ich hörte die vielen Stimmen von der Hauptstraße und verstand nur Wortfetzen.

»... Unterga...«

»... Hilfe ...«

»... Polizisten, da ...«

»... mein Fuuuuß ...«

»... Feuer ...«

»... Oma, ein Pferd ...«

Ich wollte das alles nicht sehen und presste mein Gesicht in das weiche Fell.

»Weiter, Gutenberg. Bring mich hier raus«, flüsterte ich.

Ich sprach zum ersten Mal mit einem Pferd, überhaupt mit einem Tier. Die Hygiene-Gesetze! Sie hatten die Haltung aller Tiere verboten. Meine Großeltern hatten früher einen Hund, einen Terrier gehabt.

Sechs Monate nach Verabschiedung des Gesetzes musste er eingeschläfert werden. Wie alle Katzen, Hunde und Hamster, die ich seitdem nur noch in Animator-Projektionen im Biologie-Unterricht sah und roch.

Die Ausnahmegenehmigung für das Pferd mussten sich die Bewohner des Seniorenheims Sonnenblick teuer erkauft haben. Meine Großeltern mütterlicherseits starben in einem Heim ohne Schwimmbecken. Ohne Tennisplatz. Und ohne Pferd.

Es war eher ein Lager als ein Heim. Meine Eltern zahlten die Wohnung ab und konnten ihnen nicht helfen. Das klang für mich plausibel. Damals. Und so mussten Oma und Opa in eine staatliche Einrichtung mit 100er Schlafsälen.

Ich besuchte sie nie, wir hatten jede Woche eine Mobril-Konferenz. Die beiden saßen mit ihren Mobrils auf Plastikstühlen im Aufenthaltsraum. Hinter ihnen sahen wir schneebedeckte Berge, ein grüner Gebirgsfluss flimmerte in der Abendsonne. Sie durften sich den Hintergrund auswählen, den wir statt der grauen Wand in unseren Mobrils sehen sollten. Die graue Wand flackerte nur einmal kurz auf, technische Störung. Sonst nie.

Die Gespräche dauerten keine fünf Minuten. Meine Eltern beschränkten sich auf die Fragen nach dem Wohlbefinden und dem Essen. Obwohl es bei den Großeltern jeden Tag nur Nador gab. Drei Monate nach ihrem Einzug erhielten wir eine Mobril-Mitteilung des Ministeriums für Seniorinnen und Senioren.

Eine tiefe Männerstimme drückte uns *größte Anteilnahme* aus. Meine Großeltern seien *aufgrund von Altersschwäche* in der Nacht verstorben. Ich kann mich nicht erinnern, ob meine Eltern geweint haben. Meine Eltern verfolgten die Beisetzung über Mobril.

Die Mobril-Beisetzung der Großeltern väterlicherseits hatte Jahre zuvor stattgefunden. Einen Tag vor ihrem Umzug in das Seniorenlager waren sie an Herzversagen gestorben. Beide. Wie hoch die Wahrscheinlichkeit war, dass zwei Leute gleichzeitig an so etwas sterben, fragte ich nicht. Das fragte keiner bei uns.

Auf Gutenberg musste ich an all das denken. Ich hatte noch das Bild mit der alten Frau im Rollstuhl und den drei Pflegern vor Augen. Nador gegen Hunger. Nador gegen Kummer. Und Nador gegen das Chaos dieser Welt.

Bestimmt hatten sich die Eltern meines Vaters freiwillig von diesem Irrsinn verabschiedet. Wahrscheinlich, so inkonsequent das wäre, mit einer Überdosis des Irrsinns schlechthin.

Gutenberg wurde langsamer. Er trabte, und ich öffnete die mit Staub, Regentropfen und Tränen verklebten Augen. Ich rechnete damit, irgendwo am Rand der C-Zone zu sein, an einem geheimnisvollen Ort. In den Animator-Projektionen existierte außerhalb der C-Zone nur gefährliche Wildnis.

Diese Animationen waren der Grund dafür, dass ich mich in den sicheren Hüllen aus Stein und Metall der Parkhallen sehr wohlfühlte. Kleine Wellen, keine Sturmfluten. Leichte Brisen, keine Orkanböen. Auf Befehl (*Animation stopp*) hörte der Sandsturm auf.

Per Mobril konnte ich mir jederzeit den Weg durch den Dschungel anzeigen lassen. So war das. Und irgendwie hatte ich an diesem Tag auf Gutenbergs Rücken Sehnsucht nach dem genauen Gegenteil. Doch Gutenberg enttäuschte mich.

Ich blickte auf eine zerlumpte, schwarze Zeltlandschaft. Ich erkannte sie sofort wieder. »Camp Hope 48«, hatte mir der Taxifahrer damals erklärt. Das Pferd schritt auf die Zelte zu, an den ersten löchrigen Tüchern vorbei. Ich sah ein Dutzend Leute, Kinder und Alte, wie sie um einen Haufen glühenden Abfall in einem der Zelte saßen. Das Dach war zerrissen.

Ein paar Mädchen und Jungs krochen aus dem Zelt und folgten dem Pferd barfuß durch den Matsch. Bis Gutenberg vor einer Zeltplane anhielt, sie mit der Schnauze beiseiteschob und sich ein Maul voll Heu nahm. Keine Plastikfasern, wie ich damals dachte. Sondern echtes Heu.

Ich rutschte vom Sattel, blieb mit dem linken Fuß im Steigbügel hängen. Ich landete mit den Händen voraus im Schlamm. Alles tat weh. Nicht von dem Sturz, sondern von dem langen Ritt. Die Kinder standen im Kreis um mich und lachten.

Am liebsten wäre ich im Dreck liegen geblieben. Aber Gutenberg sollte mich hierherbringen. Ich musste herausfinden, wieso. Und das konnte ich nicht, wenn ich im Matsch lag. Ich musste aufstehen.

Ich kniete mich hin, war auf Augenhöhe mit den Kindern und wollte mich an Gutenberg festhalten. Doch das Pferd war weg. Ich landete fast noch mal im Matsch. Ich rieb mir die Hände an meiner Hose ab und suchte nach einem Zeichen. Etwas, das darauf hinwies, wie alles weitergehen sollte.

»Ist Arne Bergmann da?«, fragte ich einen Jungen, der so aussah, als ob er schon solche Fragen beantworten könnte. Konnte er aber nicht.

»Ein Freund«, ergänzte ich.

Ein kleines Mädchen mit verschmutztem Gesicht zeigte auf eine Leiter. Die Sprossen führten einen tiefen Hang hinab zu einem Kanal.

»Soll ich da runter?«, fragte ich und erhielt keine Antwort.

Unten angekommen, schaute ich auf den Kanal. Auf ihm trieben grüne Müllsäcke und bunte Plastikflaschen. Ein schmaler Weg endete bei einem alten Boot. Es war keine drei Meter lang und schwarz angestrichen. Als ich die drei weißen Buchstaben an der Seite las, musste ich grinsen: *Rob.*

Ich setzte mich in das Boot. Ich löste den Knoten von einem Metallring am Ufer, zog das Seil zu mir und ließ mich von der Strömung treiben.

DER AUFTRAG

Stundenlang trieb ich in dem alten Boot auf dem dunklen Wasser. Der viele Regen machte aus dem schmalen Kanal einen reißenden Fluss. Immer wieder musste ich Plastiktüten und Müllreste aus dem Steuerruder ziehen, Inseln aus Schrott und Kunststoff ausweichen.

Ich war offensichtlich der einzige Mensch, der sich auf diesen Kanal traute. Ich hörte zwar Schreie, sah Rauch und roch Brände. Aber erkennen konnte ich nichts. Mauern verliefen weit oben am Rande der Schlucht.

Meine Wunde an der Hand pochte, ich blutete noch immer. Ich brauchte einen Verband. Musste den Schnitt desinfizieren. Aber daran war im Müllkanal nicht zu denken. Und der Kanal ging immer weiter. Bald versperrte dichter Nebel die Sicht. Ich musste mich konzentrieren. Mein Boot durfte die sperrigen und spitzen Müllreste nicht rammen. Es hatte schon seit einiger Zeit ein kleines Leck am Boden. Mangels Flickzeug setzte ich mich einfach auf die nasse Stelle.

Es dämmerte, und ich machte mir Sorgen. Hatte ich irgendein Zeichen von Arne und seiner Büchergilde übersehen?

Eine graue Mauer tat sich vor mir auf. Das obere Ende des Betons verschwand nach etwa zehn Metern im Nebel. Mein Boot steuerte auf ein dunkles Loch zu. Ein ganzes Arsenal von Kameras, Meldern und Antennen war über dem Loch angebracht. Auf der Barriere sah ich mit roter Farbe gedruckte Buchstaben. Jeder einzelne Buchstabe war größer als ich: *Achtung. Stadtgrenze. Lebensgefahr.*

Ich wollte das Boot an den Rand steuern. So weit die Planung. Die Strömung vor diesem Loch war zu stark. Mein Steuerruder riss. Ich schrie, aber darauf reagierten nicht einmal die Überwachungsgeräte. Ist ja alles kaputt nach dieser Bombe, war mein letzter Gedanke.

Ein kräftiger Sog schleuderte mein Boot in die absolute Dunkelheit. Ich legte mich hin und zog mein Hemd über das Gesicht. Es stank in dem Loch dermaßen, als ob der Müll, der mich in den letzten Stunden überholt hatte, sich hier gesammelt hätte. Das Boot trieb weiter. Immer weiter. Drehte sich im Kreis. Bahnte sich seinen eigenen Weg. Ich schlief irgendwann erschöpft ein.

Scheinwerfer schreckten mich auf. Wo war ich gelandet? Ich sah vor dem grellen Licht die Umrisse von uniformierten und bewaffneten Männern und Frauen. Mein Boot kam genau vor ihren schwarzen Stiefeln zum Stehen. Zwei kräftige Typen zogen mich heraus und warfen mich auf einen harten Boden aus Metall. Meine Hand schmerzte, und mein ganzer Körper war steif. Ich konnte mich keinen Zentimeter bewegen.

Ich erkannte die Bewaffneten in Olivgrün sofort. Die Sicherheits-Scanner! Auch die drei aus der Beisetzungshalle waren unter ihnen! Hatten sie es also doch noch geschafft.

»Willkommen bei Ultranetz.« Die Stimme spürte ich am ganzen Körper. Das war Nomos. Und das war unmöglich. Hatten sie seinen Tod etwa nur vorgetäuscht? Ich wollte mich aufrichten, schaffte es aber nicht. Einer der Sicher-heits-Scanner stand mit seinen Stiefeln auf meinem Rü-cken.

Sie leben?, wollte ich fragen. Brachte aber kein Wort he-raus. Ich bewegte meinen Mund, hörte aber meine eigene Stimme nicht.

»Für unseren Zonenflüchtling eine Runde Nador«, rief Nomos.

Ein Riese von Mann schleifte mich über den Boden, presste mich in einen Stuhl und befestigte mich mit Schnallen.

Um mich herum standen überall Menschen. Ich sah meine Eltern. Sie blickten teilnahmslos durch ihre Mobrils.

»Macht Platz für den Arzt«, sagte Nomos.

Ich traute meinen Augen nicht. Der Mann in Weiß, der eine Nador-Spritze aus der Jackentasche zog, das war Jojo. Er lachte und machte meinen linken Arm frei.

»Hattest du eine angenehme Reise, mein Freund?«

Aber das war nicht Jojo, das war Arnes Stimme.

Ich wachte auf und sah Arne vor mir. Er beugte sich über mich. Seine grauen, langen Haare fielen mir ins Gesicht.

»Hattest du eine angenehme Reise, mein Freund?«, fragte er wieder.

Ich suchte lange nach einer Antwort auf diese Frage. Ich war auf der Flucht vor den Sicherheits-Scannern um mein Leben gerannt. Ein Barkeeper hätte mich mit einer Alpha 5000 niedergeschossen, wenn der Anschlag nicht dazwi-schengekommen wäre. Ich war auf einem Pferd namens Gutenberg quer durch die C-Zone geritten. Und ganz am Ende wäre ich fast in einem Müllkanal ertrunken.

»Abwechslungsreich jedenfalls«, antwortete ich Arne.

Ich lag mit trockenen Kleidern, die nicht mir gehörten, auf einem Bett. Umgeben von weißen Wänden in einem höhlenartigen Raum. Ein Verband schützte meinen verletzten Handballen. Ich streckte die Finger, konnte sie bewegen. Immerhin.

»Ein paar Leute von uns haben dich am Kanal erwartet. Sie haben dich und unser Boot herausgefischt.«

»Wie den Fisch am Angelhaken«, sagte ich leise.

Arne lächelte.

»Und wo bin ich?«, fragte ich.

»In der Basis. Du hast hier draußen die Nacht seelenruhig geschlafen. Während in der Stadt weder Mobril noch Aromazellen funktionieren und für die Leute deswegen die Welt untergeht.«

Ich wollte mehr über das Chaos hören. Über die Opferzahlen. Über die technischen Schäden. Über den genauen Ort, an dem ich mich befand. Aber Arne erzählte wie immer nicht das, was ich wissen wollte. Ich hatte seine Monologe schon fast vermisst.

»Ultranetz verdient gerade viel Geld mit den Reparaturen. Jeder möchte eine Mobril mit E-Bomben-Sicherung haben. Die entsprechenden Teile liegen ganz zufällig massenweise im Lager des Konzerns.«

Arne schaute mich an. Ich kapierte gar nichts.

»Vor einer Stunde hat der Konzern verkündet, dass sein kompletter Datenspeicher zerstört wurde. Natürlich sind auch alle gescannten Bücher für immer weg. Das Lexi-Ultranetz gelöscht. Alles.«

»Und in den anderen Städten?«

Arne deutete mit zwei Händen eine Explosion an.

»Alles gelöscht?«, fragte ich.

»Alles Wissen für alle! Jederzeit! Kostenlos!«, sagte Arne.

Ich zählte eins und eins zusammen. Kam dabei nicht auf zwei. Arne musste meine Verwirrung bemerkt haben.

»Ohne die alten Zeitungen, Zeitschriften und Bücher auf Ultranetz, ohne Lexi-Ultranetz hat der Konzern die absolute Informationshoheit.«

»Der Konzern kontrolliert nun endgültig, was man wissen darf und was nicht«, sagte ich.

»Glückwunsch, Rob. Du hast es endlich verstanden.«

»Hab nur mehr Hirn und weniger Mobril verwendet.«

Wir lachten beide.

»Was ist aus der geheimen Bibliothek geworden?«, fragte ich.

Arne hantierte an einer uralten, schwarzen Maschine herum. Es ratterte, rauschte und dampfte. Er reichte mir einen Becher mit Kaffee.

»Wir werden eine neue aufbauen müssen. Wir konnten unmöglich alle Bücher unbemerkt über den Müllkanal transportieren.«

Wir gingen einen langen Gang mit Verzweigungen und Türen entlang. *Achtung Natur. Aufstieg verboten. Nur im Brandfall nutzen!*, las ich über einer.

»Falls du mal frische Luft brauchst, die Treppe dahinter führt zum Wald.«

»Echter Wald?«

Arne erklärte, erklärte, erklärte. Ich hörte nicht mehr richtig zu. Was sollten wir hier in diesen Tunneln unter diesem Wald mit echten Bäumen überhaupt? Nach zehn Minuten standen wir in einem Tunnel, der groß genug für einen Metro-Gleiter war.

»Hier fuhren vor dem letzten der großen Kriege Züge. Nachdem jeder geflüchtet war, holte sich die Natur vieles zurück. Nur hier unten wollte nichts wachsen.«

»Und was macht die Büchergilde an diesem verlassenen Ort?«, fragte ich.

Arne band sich wortlos die Haare zu einem Zopf zusammen. Dieser alte Geheimniskrämer, dachte ich und täuschte mich zum ersten Mal.

»Komm mit!«, sagte er.

Wir standen in einem riesigen Raum voller Maschinen. Ich erinnerte mich an das Technische Museum, das ich in meiner Schulzeit besucht hatte. Kurz bevor das Museum schloss, weil es viel praktischer über Ultranetz besucht werden konnte. Jojo und ich waren auf die Geräte geklettert und hatten uns darin versteckt.

Die Museumsmaschinen waren leblos. Die Maschinen hier unten schnauften schwer vor sich hin. Ein paar Dutzend Leute arbeiteten an ihnen.

»Das ist unser Bergwerk«, sagte Arne.

Auch davon hatte ich als Kind mal gehört. »Und was fördert ihr?«

Arne dachte einen Moment lang nach. »Wissen. Wir fördern Wissen aus diesem Bergwerk.«

Ich fragte nicht weiter, sondern blickte zwei jungen Frauen nach, die Papierrollen trugen.

»Das ist unsere Druckerei«, erklärte Arne.

»Wie habt ihr die von der Stadt durch den Müllkanal bekommen?«

»Die stand nie in der Stadt.«

»Wo sonst?«

»Woanders.«

»Verstehe«, sagte ich und verstand gar nichts. Aber ich konnte inzwischen mit Arnes Antworten ganz gut umgehen.

»Und was für Bücher druckt ihr?«, fragte ich.

»Die Bücher, die du und deine Kollegen in den letzten Jahren gescannt haben.«

»Ihr habt die Daten?«

»Wir drucken alles. Unzensiert.«

»Und dann?«

»Wir wollen sie in den Städten verteilen.«

Langsam verstand ich. Deswegen brauchten sie also Leute wie mich. Sie suchten junge Boten, die sich in der Stadt auskannten, die wussten, wo sich Leser aufhielten.

»Wie komme ich mit den Büchern in die Stadt? Hoffentlich nicht durch den Müllkanal?«

Arne schüttelte den Kopf.

»Nach dir wird in den Städten gefahndet. Du bist der Super-Terrorist. Schon vergessen?«

»Was soll ich dann hier?«

Arne hielt ein Fließband an und zeigte auf ein Buch. Ich nahm es und wunderte mich über die Verpackung aus dickem, glänzendem Papier.

»Das ist der Schutzum…«, sagte Arne und wollte mir das Buch aus der Hand nehmen.

Zu spät. Ich hatte das Stück Papier schon weggerissen.

»…schlag. Der bleibt eigentlich dran. So sahen vor dem Krieg noch viele Bücher aus.«

187

»Noch nie gescannt, so etwas«, antwortete ich und blickte auf das nackte Buch ohne den Schutzumschlag.

Ganz vorne waren ein *B* und ein *G* auf einer Feder abgebildet.

»Hätte ich ja nie gesehen mit dem komischen Umschlag«, sagte ich.

Arne schüttelte den Kopf. Er nahm es mir aus der Hand, schlug es auf und deutete auf die erste Seite. Ich sah wieder die Feder und die zwei Buchstaben *B* und *G*.

»Auch dein Buch wird das Siegel der Büchergilde tragen«, sagte Arne.

Ich war sprachlos. Fühlte mich mindestens genauso überrumpelt wie vor ein paar Tagen, als er Jojo und mich im Metro-Gleiter mit seiner Schlagfertigkeit überraschte hatte.

»Mein Buch?«, fragte ich.

Arne führte mich in einen kleinen Raum. Ich durfte auf einem Sessel Platz nehmen. Er fühlte sich an wie der, in dem ich bei unserem ersten geheimen Treffen versunken war. Im stockdunklen Keller. Heute trat Licht durch eine Scheibe an der Decke. Den Himmel konnte ich nur erahnen. Um uns herum stapelten sich frisch gedruckte Bücher.

»Wir wollten dich aus verschiedenen Gründen haben«, sagte Arne.

Ich sagte nichts. Drückte mich nur noch mehr in den Sessel.

»Erinnerst du dich an unser erstes Treffen im Metro-Gleiter?«

Ich nickte vorsichtig.

»Dein Freund Jojo hat sofort alles Nomos gemeldet. Du warst neugierig und bist bei mir im Abteil sitzen geblieben.«

Nur deswegen also, dachte ich enttäuscht. Aber Arne zählte weitere Punkte auf.

»Du hast keine Freundin und bist ungebunden.«

Ich musste sofort an Fanni denken.

»Du bist ein ruhiger und nachdenklicher Typ.«

Ich reagierte mit einem skeptischen Blick.

»Das ist ein Kompliment«, fügte Arne hinzu.

»Und du hast bei uns etwas gefunden, was du zu Hause nicht hattest.«

Ich dachte an meine schweigenden Eltern, die sich nicht für mich interessierten.

»Außerdem hast du auf viel Geld verzichtet und deine Professorin nicht verraten. Sie wollte dich immer bei uns haben.«

Und das soll es gewesen sein? Das ergab alles noch keinen Sinn.

»Und du warst ein Buchagent.«

Arne merkte, wie wenig ich mit dieser Erklärung anfangen konnte.

»Du hast Bücher gescannt, also vernichtet. Du hast Lesern erklärt, wieso sie keine gedruckten Bücher brauchen. Obwohl auf E-Book-Readern längst nur noch 3-D-Filme liefen. Du hast an Schulungen der Scan AG teilgenommen. Und du warst ein Mitarbeiter von Ultranetz.«

Ich begann endlich zu verstehen.

»Wenn jemand wie du auf unserer Seite steht und all das aufschreibt, was er erlebt hat, werden viele ins Grübeln kommen. Du warst einer von ihnen, einer von der Scan AG.«

Hatte ich Arne richtig verstanden? Ich, Rob, der Buchagent, sollte aufschreiben, was mir widerfahren war? Erst wollte ich gleich absagen. Alles absagen. Sofort. Ich war kein Autor, und fertig! Aber ich musste an Fannis Satz denken im Metro-Gleiter. *Du brauchst nur ein wenig Zeit. Du machst schon dein Ding.*

»Wo ist Fanni«, fragte ich endlich.

»Wir müssen vorsichtig sein. Sie arbeitet als Kurier in einer anderen Stadt. Sie ist mit ihrem Sohn umgezogen. Sie sind beide in guten Händen. Sie wird dein Buch lesen und verteilen. Das muss reichen.«

Arne sah meine Enttäuschung.

»Vorerst jedenfalls«, ergänzte er.

Ich fragte nach Thomas, dem Schriftsteller.

Arne strich mit seiner Hand über meine Glatze. Ich hatte den Kopf seit Tagen nicht mehr rasiert. Er spürte sicher die vielen Stoppeln. Hoffte ich zumindest.

»Er wird dir beim Schreiben helfen«, sagte Arne. Er drückte mir ein schweres graues Gerät in die Hand.

»Aus welchem geschlossenen Museum habt ihr das geklaut?«, fragte ich.

Arne klappte den Bildschirm nach oben und zeigte auf die Tastatur.

»Wie soll mein Buch heißen?«, fragte ich.

»Die Scanner«, sagte Arne und verschwand in einem dunklen Tunnel.

Ich dachte an meinen Schulkurs. Jahre her, aber ich erinnerte mich an dieses alte Teil aus Plastik. Ich legte die Hände auf die Tasten. Und das erste Wort meines Buches war ein einfaches *Klick*.

DANKE

Danke an alle Mitstreiter der Büchergilde in der A-, B- und C-Zone. Auch in den anderen Städten und außerhalb von deren Grenzen! Ganz besonders: Aenne, Alexandra, Anja, Arne, (Be)Linda, Eva, Gwendolin, Katja, Katrin, Kerstin in der M-Stadt und Kerstin in der F-Stadt, Matthias, Michael, Oli, Sibylle, Steven, Tilman, Thomas und natürlich die alte Professorin und am allermeisten Fanni (in vielen Städten auch als Britti unterwegs) & unsere Bande.

Ein hochbrisanter Near-Future-Thriller

2048. Die Menschen leben in einer hochdigitalisierten und vernetzten Stadt. Als Jaro dort ankommt, ist er völlig fasziniert. Aber alles hat seinen Preis: Der Konzern Ultranetz kontrolliert jeden bis in seine geheimsten Gedanken hinein. Nur der Außenseiter Jaro kann sich gegen den Konzern auflehnen. Zusammen mit einer gewissen Nana soll er wichtige Informationen beschaffen. Doch Ultranetz ist ihnen auf der Spur, und sie sind in allerhöchster Gefahr ...

Robert M. Sonntag
Die Gescannten
192 Seiten, broschiert

Weitere Informationen zum Kinder- und Jugendbuchprogramm der S. Fischer Verlage finden sich auf *www.fischerverlage.de*

AZ 7335-0481/1